JN311860

眠れないほど面白い「秘密結社」の謎

並木伸一郎

三笠書房

はじめに……この一冊で謎に包まれた「秘密結社」のすべてがわかる！

「秘密結社」――このいわくありげな響きに心そそられる人は多いだろう。

そのルーツは、紀元前3000年頃の古代エジプトに端を発する古代シリウス信仰にまで遡《さかのぼ》るといわれている。天空にひときわ怪しく輝く星シリウスを崇《あが》める彼らは、宇宙の神秘を解き明かし、「秘教集団＝秘密結社」と化したのだ。

このとき彼らが会得した叡智や秘儀は、やがて中世のヨーロッパに出現した**テンプル騎士団**や**フリーメイソン**を通じ、さまざまな秘密結社に継承されていったのである。

そのフリーメイソンは世界中に広まって「巨大団体＝秘密結社」に成長し、同じく謎めいた秘密結社である**「イルミナティ」**とも深いところでつながっている。

漏れ伝わる情報では、このイルミナティが核となって、**世界中に暗躍する秘密結社との強固なネットワークをつくり、さまざまな陰謀を企てている**という。

たとえば、世界各地での金融経済破綻、テロと大量殺人の陰に潜むマインド・コントロール……陰謀論者の間では、これらはすべて彼ら秘密結社が仕組んだもの、と当たり前のように信じられている。

そしてまた彼らは、世界の2大財閥、ロックフェラーとロスチャイルドとも手を組み、世界を裏から、そして陰から、さらには宇宙開発までも意のままに操っているというのである。

フランス革命、アメリカ独立戦争、2つの世界大戦、9・11同時多発テロ……世界に衝撃が走った事件や戦争の陰には、必ず彼らの思惑が蠢《うごめ》いている、とまことしやかに囁《ささや》かれているのだ。

本書は、アメリカやイギリス、そしてフィンランドに住む知人、友人たちから得たリーク情報やエピソードを主体にして、さらには厳選した内外の資料に基づき、そこに筆者なりの視点も加え、秘密結社の顔ぶれを紹介していく。また、われわれのあずかり知らぬところで密かに遂行されている〝陰謀〟についても暴いていきたい。

最後まで、ご堪能いただければ幸いである。

並木　伸一郎

もくじ

1章 これが世界を実効支配する「フリーメイソン」の正体だ！
――厚いヴェールに覆われた「世界最大の秘密結社」の真実

2章

世界中の〝権力・富・情報〟を握る「イルミナティ」の全貌

――〝闇勢力の頂点〟に君臨し、人類を思うがままに操る！

3章

〝古代の叡智〟を手にした「テンプル騎士団」の秘密

――なぜ、あらゆる「秘密結社の祖」は〝超絶パワー〟を発揮できたのか？

4章 世界史の舞台裏で異彩を放つ謎の「秘密結社」

――神秘思想結社、カルト団体からペテン師集団まで！

5章

あの秘密結社にまつわる衝撃の「都市伝説」！

——あなたのすぐ側で〝それ〟は起きている！

6章 人類を脅かす「恐るべき計画」が今まさに進行している⁉

――洗脳・情報統制……超エリート集団が企てる「世界支配のシナリオ」

編集協力／宇都宮ゆう子
写真提供／並木伸一郎事務所、宇都宮写真文庫、PPS通信社、共同通信社、ロイター＝共同、UPI＝共同

1章

これが世界を実効支配する「フリーメイソン」の正体だ！

――厚いヴェールに覆われた「世界最大の秘密結社」の真実

〝秘密結社〟といえば、
まず名前が挙がる「フリーメイソン」。
その歴史は古く、全世界に無数の支部を持つという。
「世界を牛耳る組織」――彼らはいつの時代からか、
そう囁かれるようになった。
本章では、そんな謎に包まれた組織の〝全貌〟を、
読者諸君の眼前に明らかにする！

世界を牛耳る秘密結社「フリーメイソン」のルーツとは？

世界におよそ300万人もの会員を持つ秘密結社、**フリーメイソン**。中でも活発に活動が行なわれているアメリカでは、その全土に約1万2500ものメイソンの集会所「ロッジ」が点在し、約170万人がそこに集うのだという。そして、この秘密結社は、もちろん日本にも上陸している。ロッジは全国20数カ所にあるとされ、それらの本部である「グランド・ロッジ」は、東京タワーの真下のビルにおかれていることも有名だ。

このように、その存在を広く知られた秘密結社でありながら、活動内容については謎のヴェールに包まれているフリーメイソン。彼らは**「会員同士の親睦を深める友愛団体」**を自称している。しかし、あまりに巨大かつ長い歴史を持つ組織であるゆえに、

日本のフリーメイソンの本部は、東京タワーの真下にある

〝世界を裏から操っている〟〝歴史的事件で暗躍していた〟という陰謀説が絶えない。

実際に、彼らは社会的ステイタスの高い会員ばかりで構成されており、**ひとたび同志とわかれば、お互いを「ブラザー」と呼び合い、あらゆる〝社会的協力〟をし合う**のだという。

また、さきほどの「友愛」という言葉――どこかで聞き覚えがないだろうか？

そう、2009年に民主党政権を発足させた鳩山由紀夫元総理が、自身の〝政治信条〟として掲げたものだ。

詳しくは後述するが、かねてから**鳩山**

一族はフリーメイソンとの関係が深く、由紀夫氏も当然会員であると考えられる。

とすると、彼の総理としての真の目的は、〝**フリーメイソンの支配する国**〟をつくることだったのか……。

ここからもわかるように、この秘密結社にまつわる噂・陰謀説は、あながち〝迷信〟と一蹴《いっしゅう》できるものではない。確たる事実・証拠に裏打ちされたものなのだ。

起源は紀元前？　古代ギリシア？　それともアダムとイヴ？

さて、フリーメイソンの起源にはさまざまな説がある。

代表的なものとしては、**「ソロモン神殿建設の職人」**説が挙げられる。紀元前10世紀、エルサレムに建てられたソロモン王（『旧約聖書』に登場する、古代イスラエル王国の最盛期を築いた王）の神殿建築の際に集められた「建築家集団」が発端だとする説がこれだ。

2つめは**「ピタゴラス」**説。〝ピタゴラスの定理〟で知られる古代ギリシアの数学者にして哲学者、ピタゴラスを中心としてつくられたのだという。彼は、数学を研究することで魂を磨くという「ピタゴラス教団」なる宗教団体の教祖を務めており、ここにフリーメイソンのルーツを見る研究者がいるのである。

３つめは**「テンプル騎士団起源」**説。このテンプル騎士団については、３章で詳述したい。

４つめは**「石工職人組合起源」**説、そして５つめは17世紀初頭に現われた神秘主義結社、**「薔薇十字団起源」**説だ。

このほかにも、部外者が入会できないことから、「古代密教が元になっている」という説や、最初の人類であるアダムとイヴに起源を求める説まで存在する。

なぜ〝石工職人のギルド〟が世界的な巨大組織に発展できたのか

と、いくつか羅列したが、現在では４つめに挙げた「石工職人組合起源説」が最も支持されているようだ。そもそも「フリーメイソン」という言葉は、「自由な石工」を意味している。まあ、妥当な線だといえるだろう。

現代の感覚では、「単なる職人の組合が、本当にここまでの巨大な組織に発展できるものなのか⁉」と思われるかもしれない。

しかし、現在のように強固な建材や道具がなかった中世ヨーロッパ時代、教会の大聖堂や修道院、宮殿の建築や増改築は、数十年、時には数百年の年月を要する大事業であった。

今もヨーロッパ各地に残る、ゴシック調の聖堂や宮殿を思い浮かべてみてほしい。これらの建立は時間だけでなく、人手も金も膨大に必要とする、いわば国家的大プロジェクトだった。

国家の威信をかけ、より壮大に、より豪奢に、そしてより迅速に作業を進めるためには、しっかりとした管理体制やリーダーが必要となる。そこでまず、**「ギルド」と呼ばれる職人たちの職業組合**が生まれた。職人たちは相互に協力し合うために組合を結成し、入会を義務づけるようになる。

ひとつの建造物をつくるには、明確な役割分担も必要だった。そこから、職人たちの専門化、階級分けが行なわれた。彼らは、ヒエラルキーの最下位となる第1階級を**「エンタード・アプレンティス（徒弟《とてい》）」**と呼んだ。ちなみに、この階級は10代の若者が多かったようだ。

そして第2階級を**「フェロー・クラフト（職人）」**、第3階級を**「マスター（親方）」**と呼び、日々、技術の向上に励んだ。ギルドのメンバーは親方になってこそ一人前とされたため、彼らはマスターを目指し、日々精進したという。

そんな彼らをさらに統合する最上位の**「グランド・マスター」**は、あらゆる建築理論はもちろん、軍事や催事、芸術的な知識も必要とされた。そのため、今でいう国防長官並みの力を持っていたという。

そう、建築に欠かせないプロの職人たちは、当時の人々にとっては特権階級だったのだ。

〝秘密の暗号と儀式〟はこうして誕生した！

そのため、彼らは自分たちの地位や収入を守ろうと、**ほかへ技術を漏らさないための〝秘密の協定〟**を結ぶようになった。

ギルドのメンバーにしかわからない暗号や符号、約束の儀式が誕生したのもそのためだ。

たとえば現在のフリーメイソンでも、秘匿事項のことを表わすときに「ヘイルする」という言葉が使われている。これは、当時のロッジは藁葺《わらぶ》き小屋が多かったため、ロッジの屋根を〝ヘイルする（覆う）〟と言ったことが語源だとされている。

このようにして、建築事業が行なわれるに従い、石工職人たちは各地にロッジ（集会所）をつくり、ヨーロッパ中にネットワークを広げていった。

しかし、時代の変化とともに石工職人たちの技術は「特別なもの」ではなくなっていき、17世紀に入ると、ロッジは存続の危機を迎えた。

そこで彼らは、貴族や一般有識者の勧誘を積極的に行なった。貴族たちは喜んでフリーメイソンに入会した。

その背景には、当時の貴族たちの中でカバラ（中世ユダヤ教の神秘思想）やヘルメス主義（紀元前後にエジプトで成立した、ヘルメス・トリスメギストスと呼ばれる習合神の教えと信じられた秘教）、錬金術などの神秘思想が流行していたことがあったようだ。

秘密主義を掲げ、限られたメンバーにしか公開されていないフリーメイソンの技術が、この神秘主義と重なったのであろう。

彼らはフリーメイソンの知識と理念、**「秘密主義」「相互扶助」「博愛主義」**を胸に、次の世代へと活動をつないでいったのだ。

シンボルマーク「コンパスと直角定規」が意味するものとは――

フリーメイソンのシンボルといえば、コンパスと直角定規だ。このふたつを上下にクロスさせた独特の〝マーク〟をご覧になったことがある人も多いだろう。

上にあるコンパスは「精神、天上界、神智」を、下にある直角定規は「物質、地上界、人智」を表わしているという。

そして両者を重ねることで形づくられたマークは、**ソロモンの印章「ダビデの星」**を模しており、陰と陽、天と地、精神と物質、男と女など、相対するものの調和を表現している。

この形は強力な護符としての機能を持つとされ、さらに錬金術では**「賢者の石」の象徴**としても用いられてきた。

シンボルマークであるということにとどまらず、コンパスと定規は重要なアイテム

メイソンのシンボルマーク
――「コンパスと直角定規」

だ。これに聖典を加えた3点セットは、**「3つの大いなる光」**とも呼ばれる。

この**3つが揃わずに行なわれた会議は無効になる**ほど、フリーメイソンでは重要視されているという。

そしてこのマークの中央にはアルファベットの「G」が入る。

これは神（God）と、石工職人に必要とされていた知識である幾何学（geometry）の頭文字をとったもの。

このシンボルは全世界のメイソンが用いている。

さて、この図形は彼らの独特な握手にも見ることができる。**「ライオン（親方）の握手法」**と呼ばれるのがそれだ。

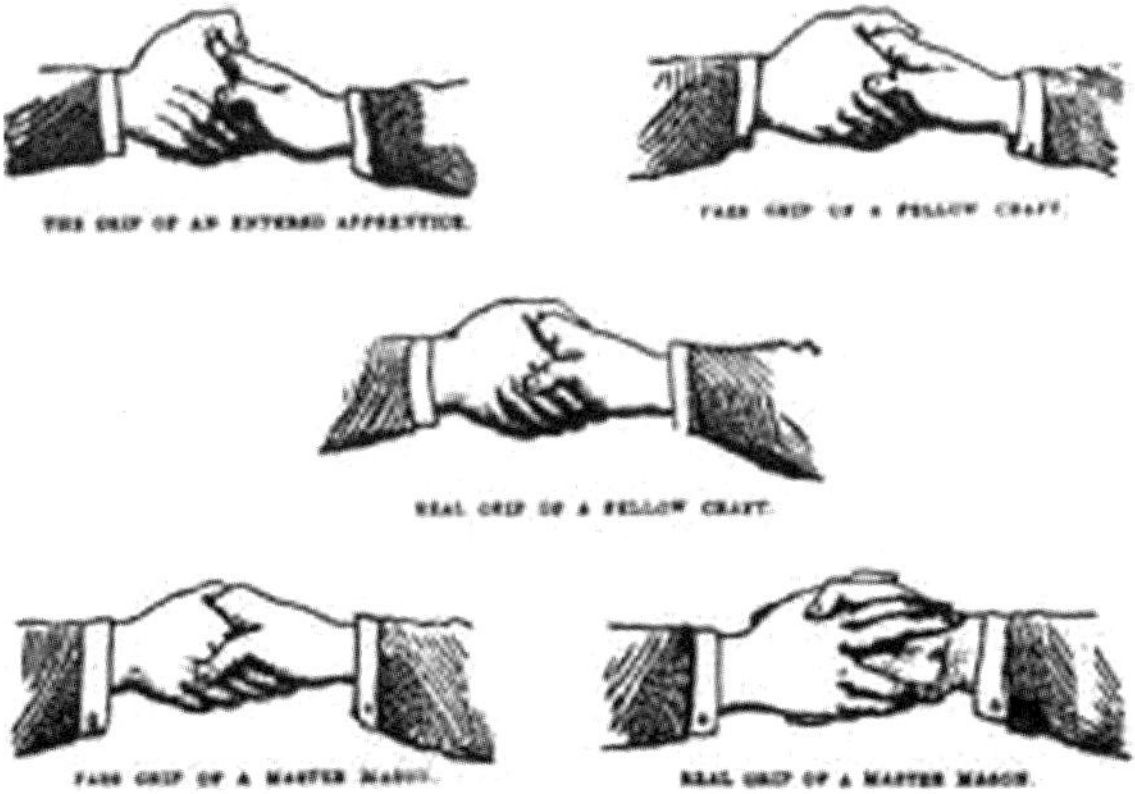

フリーメイソン独特の握手法。画面右下が「ライオンの握手」

お互いの手の人差し指と中指、薬指と小指をつけ、V字の形をつくる（中指と薬指の間は離す）。その状態のまま、相手の親指を交差させるのだ。

これは、コンパスと直角定規を手で表現しているという。

この形で握手するということは、コンパスと直角定規を交差させること。すなわちフリーメイソンのマークを表わし、その象徴でもある道徳と真理の融和を表現しているのである。

この握手法、実は古代から〝祝福を表わす握手法〟として用いられているという。また、神秘主義のカバラの図像の中でも見られるのだそうだ。

1ドル札にも刻まれている〝万物を見通す目〟！

このように、「コンパスと直角定規」はメイソンのシンボルマークといわれているが、〝真のシンボル〟は別にあるという。では、その真のシンボルとは何か？

ヒントは、アメリカ合衆国の1ドル札に刻まれている。そう、**〝万物を見通す目〟**だ。この不気味なシンボルは、古代エジプト時代から用いられてきた、「ホルスの目」だとされている。

ホルスとは、エジプト神話に登場する〝天空と太陽の神〟のこと。決して閉じることのない目は、**〝神が人類を見守っている〟もしくは〝見張っている〟ことを表わす記号**として、図称などによく用いられてきた。

また、キリスト教の摂理を表わす「プロビデンスの目」だとも称されている。持つ意味は「ホルスの目」と同様だ。

『旧約聖書』の「詩編」33章18節に「見よ、主は御目を注がれる／主を畏《おそ》れる人、主

1ドル札にも描かれる「万物を見通す目」

の慈しみを待ち望む人に」とあり、これが「プロビデンスの目」を指しているといわれる。

さらに1ドル札には先端の欠けた**ピラミッド**が描かれているが、ピラミッドは**完成や理想の象徴で、〝世界の中心〟を暗示**しているのだという。

そのため、フリーメイソンやオカルト系の結社では、しばしばピリオドに変わって三角符を用いる。たとえばGrand Lodgeの省略形であれば「G∴L∴」と表記するのだ。これは一説によると、フリーメイソンの起源、つまり遠い祖先が、大ピラミッドの建設者集団だったことからきているのだともいわれている。

以上のシンボルだが、恐ろしいことに、エンターテインメント界では、映画やミュージックビデオなどによく用いられているのだ。

日本でも大ヒットした、映画『マトリックス』や『トゥームレイダー』などが有名だが、『ハリー・ポッター』シリーズやスティーヴン・スピルバーグ監督やジョージ・ルーカス監督の作品などにも散見される。音楽でいえば、マドンナやレディー・ガガのミュージックビデオが代表的といえるだろう。

紹介した1ドル札も**「アメリカ経済はフリーメイソンが牛耳っている」**というメッセージだと読み解くことができる。

また、日本の紙幣でも、**千円札を透かしたときに野口英世の左目と富士山の頂上付近が重なって見える様子が、〝万物を見通す目〟にそっくりだ**と指摘されている。

日本銀行も、既にフリーメイソンに支配されていると囁かれるゆえんである。

英国フリーメイソンが誇る〝華麗すぎる人脈〟！

先に、メイソンの起源を書いたが、それはあくまでも原始的なもので、現在のようなフリーメイソン、つまり**近代フリーメイソンの発祥地はイギリス**である。

1716年に、ロンドン中心部の地区コヴェント・ガーデンにある酒場「アップル・トゥーリー・タヴァン」で、**「グランド・ロッジ」**結成のための準備会が開かれた。

グランド・ロッジとは、各ロッジを統括し、新しいロッジを承認する組織、いわば〝ロッジの親玉〟である。当初は点在するロッジ同士の交流を深めるために設けられたようだ。

この頃のロッジは、単に仲間同士が集う会にすぎなかった。そのため、ほとんどが酒場（タヴァン）におかれており、ロッジの名前も酒場の名前が用いられていた。

「フリーメイソン憲章」とは何か？

さて、1717年6月24日、ロンドンにあった4つのロッジが、準備会で決められた通り集会を開き、「イギリス連合グランド・ロッジ（現・ユナイテッド・グランド・ロッジ・オブ・ロンドン）」を発足させた。当時はあまり影響力を持たず、会員も700人程度だったという。

しかし、このグランド・ロッジの創設と、初代グランド・マスターが選出されたことを機に、個人的な集まりでしかなかったフリーメイソンが表立った組織となり、ヨーロッパ各地でも次々にグランド・ロッジがつくられていく。

そして、新しい加入者が急増すると、明確な思想を打ち出すことが期待され、**「フリーメイソンは組織として、どうあるべきなのか」**という規約も必要となってきた。

そのため幹部らは、グランド・ロッジ結成から4年後の1721年には、フリーメイソンの歴史や規約目的などを定める**『フリーメイソン憲章』**の作成に着手する。

ロンドンのグランド・ロッジは、その役割をスコットランド出身の牧師、ジェームズ・アンダーソンに依頼した。

1723年、グランド・ロッジはアンダーソンの草稿に加筆修正を入れ、『フリーメイソン憲章』を出版。内容は、「序文」「歴史」「訓諭」「規約」「歌集」の5部からなり、フリーメイソンの基本理念や制度などが書かれていた。

歴史の部では**〝アダムとイヴ〟や〝ノアの箱船〟のノアなど、『旧約聖書』に記される人物を「グランド・マスター」である**と書いてある点が興味深い。

また神やイエス・キリストを〝宇宙の建築者〟と記すなど、石工時代のフリーメイソンを重ね合わせた描写があるところも面白い。

あのエリザベス女王にも〝メイソン疑惑〟が!?

こうしてグランド・ロッジの結成、そして『フリーメイソン憲章』の発行後、徐々に組織を大きくしていったフリーメイソンは、やがて貴族や王族までも会員に迎えるようになる。

転機は1737年、イギリス王太子のフレデリック・ルイスの加入だった。ロンドンのキュー宮殿に設置された臨時ロッジでメンバーの一員となったフレデリック・ルイスは、彼の3人の息子たちも相次いでメイソンメンバーにしている。

以後、**代々イギリス王室では、フリーメイソンに加入することが慣例**になった。

中でもフレデリック・ルイスの孫で、1820年に即位したジョージ4世の加入は、イギリスのメイソンを大きく発展させる原動力となった。

そして、1830年に王位についたウィリアム4世は、大ロッジの保護者として君臨し、さらに1901年に即位した**エドワード7世はイギリス連合グランド・ロッジのグランド・マスターの座についた。**その後のエドワード8世も、メイソンメンバーとして活動している。

現在、世界を揺るがす事件の陰謀論の中に、しばしば**エリザベス女王**ことエリザベ

エリザベス女王の孫・ウィリアム王子も、当然メイソン会員なのか——？

ス二世の名が登場するが、これはイギリス王室とフリーメイソンの長きにわたる密接な関わりに起因していることは間違いないだろう。

ちなみに、フレデリック・ルイスのメイソン入会を受けて、1762年にはヨーク公のエドワード・オーガストが、1766年にはグロスター＝エディンバラ公のウィリアム・ヘンリーが、その翌年にはカンバーランド公のヘンリー・フレデリックがメイソンに加入している。

ここからも**フリーメイソンのイギリスでの華麗な人脈**が窺《うかが》える。

アメリカは「メイソンによる・メイソンのための国」だった⁉

・現在、世界のフリーメイソンメンバーの3分の2をアメリカ人が占めているといわれているが、実際**「アメリカは、フリーメイソンによってつくられた国だ」**といっても過言ではないだろう。

新大陸アメリカに、フリーメイソンたちが入ってきたのは1720年代後半のこと。当時、アメリカはまだイギリスの植民地だった。

そこで本国イギリスのグランド・ロッジ指導のもと、フィラデルフィアに「セントジョーンズ・ロッジ」が建設される。

その後、準備期間を経て、1733年、ボストンにアメリカ初のグランド・ロッジ「ファースト・ロッジ」が開かれる。

1760年には、当時13あったイギリスの植民地すべてにロッジがおかれたという。当時会員になっていたのは、政治家や将校、裕福な商人など中・上流階級の人々だった。独立前のアメリカは、州ごとに政治も法律も慣習も違い、まるで別の国のようだった。メイソンメンバーらはロッジを通じて、他の州の植民地の実情や最新のヨーロッパ事情などを交換していた。

そんな中、1773年にアメリカ独立運動の発端となった**「ボストン茶会事件」**が起こる。

イギリスの植民地政策に憤《いきどお》った急進派たちが、アメリカの原住民に扮《ふん》し、停泊中のイギリス船に積まれていた紅茶箱をボストン湾に投棄した事件だが、これはフリーメイソンのメンバーによって行なわれたものだという見方がある。

その結果、アメリカ独立の機運がみるみる高まっていくこととなるのだ。

“アメリカ建国の父”は「メイソンのグランド・マスター」だった！

そもそも、独立宣言起草委員のひとりで、アメリカ建国の父、ベンジャミン・フラ

紅茶箱が海に投棄された「ボストン茶会事件」

ンクリンはフリーメイソンだった。

印刷業を生業にしていたフランクリンは、自らが発行していた『ペンシルヴェニア・ガゼット』紙上で、**自分がグランド・マスターに選ばれた**ことを述べている。

加えてフランクリンはアメリカでも『フリーメイソン憲章』を出版するなど、フリーメイソンを国内に広めることにも貢献した。

同時にフリーメイソンのネットワークを使い、独立のためにフランスと手を結ぶべく奔走もしている。

1778年のアメリカ＝フランス同盟条約は、フランクリンがいなければ成功しなかったといわれているし、フランスのフリーメイソンの支持があったからこそ、アメリカは独立できたといっても過言ではない。

とはいえ、イギリスはフリーメイソンが陰で支配する国。メイソン同士で戦いたくなかったのだろう。独立戦争はあっという間に終結した。

このような経緯もあり、アメリカ独立後、フリーメイソンはその勢力をさらに増していく。

歴代大統領44人中13人がメイソンメンバーという衝撃の事実

1940年代の調査では、アメリカの48の州知事のうち34人がフリーメイソンのメンバーだったという。さらに上院議員96人中55人がフリーメイソンで、ある州では議員の70パーセントが会員だったともいわれている。

独立戦争の指揮をとった初代アメリカ大統領のジョージ・ワシントンもフリーメイソンだった。彼は大統領に就任すると、国務長官にメイソンであるトマス・ジェファーソンを指名。他にも財務長官、陸軍長官、司法長官、副大統領、最高裁判所長官など、次々にメイソンのメンバーを要職に就任させていった。

アメリカではトップだけを抜き出しても、第5代大統領のジェームズ・モンロー、第7代のアンドリュー・ジャクソン、第25代のウィリアム・マッキンリー、第26代のセオドア・ルーズベルトと、これまで**なんと13人もの大統領がメイソンメンバーだったという。**

「自由の女神像」にもメイソン・マークが刻まれていた⁉

まさにアメリカは「メイソンによる、メイソンのための国」ともいえるが、それを裏づけるかのように、アメリカには、フリーメイソンを象徴するシンボルがいくつもある。

たとえば、**「自由の女神像」**。

これは、台座の礎石に「フランスのフリーメイソンからアメリカのメイソン団への贈り物」だとしっかりと刻まれている。さらに、定規とコンパス、そしてGを組み合わせたおなじみのメイソンのシンボルが描かれている。

ほかにも1ドル札やワシントン記念塔、ホワイトハウスや国会議事堂などにも、メイソンの残したシンボルが見つけられる。

ちなみにフリーメイソンの会員を「フリーメイソンリー」と呼ぶが、アメリカでは現在、**議会、裁判所、警察などに所属するメイソンリーは約400万人も存在する**という。

「自由の女神像」はフランスのメイソンからアメリカのメイソン団への贈り物だった

マリー・アントワネットを断頭台に送った〝メイソンの陰謀〟とは

「自由」と「博愛」を掲げるメイソンの精神は、王侯貴族ら支配階級に鬱屈《うっくつ》した不満を抱えていたフランス人民の間で、ことさら歓迎された。

1725年にパリで最初のロッジが開かれたのを皮切りに、1740年代のフランスではロッジの数が22にまで増加する。

1756年にパリにグランド・ロッジ「グランド・ロジュ・ナショナル」が設立されると、一気にメンバー数が急増。しかし、あまりにもそのスピードが速すぎたために、内部で分裂が起こってしまう。

その後、パリでは「フランス大東社《だいとうしゃ》」を中心に「フランス大ロッジ」、男女平等に入会できる「混合大ロッジ」、英国系の「全国大ロッジ」などが力を持ちはじめる。こうして、最盛期はフランス国内に630ものロッジを有したという。

それだけ民衆は〝新しい指導者〟を求めていたということだろう。その熱意とパワーに押し出されるかのようにして1789年、**フランス革命**が勃発する。

ちなみに1785年の時点では首都パリに65、地方に442、植民地に39など、総数にして550近くものロッジが存在した。会員数は2万から3万人といわれ、フランスではどこにでもメイソンリーがいるという驚異的な状況となっていた。

革命を後押しした将校や下級士官からなる「軍事ロッジ」も例外ではなく、このロッジには1300人もの人が集まったという。

フランス革命主導者は〝揃いも揃ってメイソンリー〟！

1789年、民衆の暴動が起こり、バスティーユ牢獄が陥落して以降、革命は着々と推進されていくのだが、革命の主導者のほとんどがメイソンに属していたという。一時は国民議会のおよそ3分の2がメイソンメンバーだったほどで、フランスにおけるフリーメイソンの勢いが窺い知れる。

中でも有名なのは、フランス革命の立役者オノーレ・ミラボー、フランスの哲学者モンテスキュー、後に恐怖政治を行なうロベスピエールだろう。彼らは組織の中で縦横無尽に活躍した。

とりわけ、1789年に発せられた**「フランス人権宣言」**は、モンテスキューの活動の集大成といえる。

画面上部中央に「万物を見通す目」が描かれた「フランス人権宣言」

「自由、平等、博愛のもとに、人は生まれながらにして自由かつ平等の権利を有する」という文句ではじまるこの宣言書は、フリーメイソンの思想そのものだ。

事実、これが記された**石碑や文献には、フリーメイソンのシンボルである「万物を見通す目」が描かれている。**

ちなみに、フランス国歌「ラ・マルセイエーズ」の作詞・作曲を手がけたルージェ・ド・リール大尉もまた、フリーメイソンの一員だったという。この曲はフランス革命時に生まれたというが、その過激な歌詞でメイソンたちを鼓舞《こぶ》し続けたのだろう。

アントワネットの手紙に記された〝戦慄のメッセージ〟

ところで、このフランス革命には、さらに裏があったという説がある。なんとフリーメイソンを隠れ蓑《みの》に、**異端組織・イルミナティ**が主導になって革命を煽動したというものだ。

イルミナティとは2章に後述するが、1776年5月に、アダム・ヴァイスハウプトなる人物が、カトリック教会（＝バチカン）に対抗してバイエルンに創設した秘密結社である。

幾度か過激な行動を起こしたため、バチカンによって解散を余儀なくされたが、その後、創設者のヴァイスハウプトがなんとフリーメイソンに入りこみ、ロッジの中で最高位につき、一大派閥をつくり上げたといわれているのだ。

そしてなんと、1789年7月14日のバスティーユ襲撃も、彼が仕掛けたのだといい う。

それによると、ヴァイスハウプトはルイ16世やマリー・アントワネットを罠《わな》にはめ、民衆の怒りを誘発するべく財政難を引き起こした。これはイルミナティの常套手段だ。アントワネットらは、まんまとヴァイスハウプトの陰謀にはまり、市民らの反感を買っていく。

そして民衆の決起で革命は成功し、マリー・アントワネットらフランス王族は1793年、相次いでギロチンにかけられることとなった。

実は、革命直後の1790年に、マリー・アントワネットは、兄の神聖ローマ皇帝レオポルト2世に次のような書簡を送っていたことが明らかになっている。

「あなたもフリーメイソンに注意してください。こちらでは、今、民衆が恐ろしい陰謀に加担させられています。とても恐ろしい出来事が起ころうとしています」

メイソンの罠にはまり、ギロチンに散った
王妃マリー・アントワネット

アントワネットは、身にふりかかっているフリーメイソン＝イルミナティの脅威を、肌で感じていたのだ。

この後、１７９４年の「テルミドールの反動」を経て、ナポレオン・ボナパルトがフランスを平定する。

彼がフリーメイソンだったという証拠は残されていないが、ナポレオンの妻ジョセフィーヌはフリーメイソンと深い関わりがあり、ナポレオンの兄弟のジョセフとルイは、有名なメイソンリーだったという。

鳩山一郎、吉田茂――〝日本政財界の重鎮〟がメイソンの門に下った理由とは

１９４５年8月15日、日本はポツダム宣言を受諾して連合軍に無条件降伏すると、連合軍の最高司令官だった**ダグラス・マッカーサー**が日本の全権を掌握した。

マッカーサーは軍人としてアメリカで人気が高く、数々の功績を残している。そして、フィリピンのマニラで加入したフリーメイソンのロッジにおいて、異例のスピードで階級昇進を果たした**エリートメイソン**でもあった。

そのため、来日するとすぐにフリーメイソンのロッジの再建（幕末には、**坂本龍馬**や**伊藤博文**がメイソンと関わっていた）に乗り出し、１９５０年には日本人による日本人のためのロッジを設立している。

さらにＧＨＱ（連合国最高司令官総司令部）は、部員のほとんどがフリーメイソン

連合軍最高司令官にして、エリートメイソンだったマッカーサー

だったとされる。そのため、日本国内でのフリーメイソンの活動が全面的に支援されたのだ。

さて、マッカーサーにとって最も重要な任務は、「日本国憲法」制定の着手だった。

この作業も、メイソンであるＧＨＱのブレーンらとあたった。そのため、憲法の至るところにフリーメイソンの精神が見てとれる。

たとえば、「国民主権」「基本的人権の尊重」「平和主義」という「日本国憲法三大要素」からして、フリーメイソンの理念そのままなのだ。

「天皇陛下を、メイソンメンバーに」

ところで、1950年に日本人のためのロッジが設立された当初、7人の日本人会員が誕生している。

政治家の佐藤尚武《さとうなおたけ》や三島通陽《みしまみちはる》ら5人の国会議員や、アサヒビールの前身をつくり「日本のビール王」と呼ばれた高橋龍太郎《たかはしりゅうたろう》など、政財界の名だたる面々である。

中でも目をひくのは、**戦後初の内閣総理大臣である東久邇宮稔彦《ひがしくにのみやなるひこ》**と、第52～54代と、3次にわたって内閣総理大臣を務めた**鳩山一郎《はとやまいちろう》**だ。

もともとマッカーサーは、**昭和天皇をフリーメイソンに引き入れたかったた**ようだ。

しかし、皇室は頑《かたく》なにこれを拒否した。「ならば、皇族を紹介してほしい」と折れ、当時内閣総理大臣だった東久邇宮のもとに、打診に行ったようだ。

実際、彼の入会はメイソンに多大な恩恵を与えた。先に紹介した初期メンバーのほとんどは「東久邇宮の名前があるなら」と、加入を決意したようだ。

ちなみに「天皇陛下をメイソンメンバーに」という声はいまだ根強く、1995年、

マスターメイソンとなり、メイソンメンバーに囲まれる鳩山一郎

元グランド・マスターのリチャード・クライプは、

「**陛下がメンバーになられるのなら、名誉グランド・マスターに迎えたい**」

と、入会を期待する発言をしている。

新聞にも取り上げられた「鳩山一郎＝メイソン」！

一方、戦後日本を代表するフリーメイソン・鳩山一郎は、メイソンの理念を大変気に入り、自ら入会を希望したという。

彼がフリーメイソンに入会したのは１９５１年。彼が総理大臣に就任したのは１９５４年なので、総理大臣になった頃には、すでにメイソンリーだったということになる。

鳩山一郎は、メイソンの一員になった喜びを再三、口にしており、マスターメイソンになったときなどは**「今後はすべての活動をフリーメイソンの教義に従って行なう」**と豪語したほどだったという。

当時の新聞にも大きく「首相がマスターメイソンになった」と取り上げられ、喜びの声をあげた支援者もいた。

当時の日本ではフリーメイソンは怪しげな団体という認識はなかったようで、メイソンの実態はあまり知られていなかったのだ。

メイソンメンバーであることも影響してか、鳩山の政治は順風満帆で、1956年には日本とソ連の国交回復にも成功している。一方、「原子力基本法」が提出されたのもこの頃で、**鳩山一郎が原子力の礎を築いていた**という過去は、今考えると陰謀めいていて実に興味深い（原子力普及と秘密結社との関係は後に詳述する）。

鳩山家をめぐる不思議な「都市伝説」

ところで、鳩山家にはこんな都市伝説がある。

東京の街の大半を焼きつくした「東京大空襲」だったが、不思議なことに鳩山家の住まいである音羽御殿は、ほぼ損傷を受けなかったというのだ。

〝あれは、鳩山家が戦前からメイソンと交流があったためだ〟と、まことしやかに囁かれているのはそのためだ。

他にも、第44代総理大臣の幣原喜重郎《しではらきじゅうろう》や第45・48・49・50・51代にわたって総理を務めた吉田茂《よしだしげる》もフリーメイソンに入会していたという。

彼らに関しては噂の域を出ないが、アメリカ大統領の驚くべきメイソンの系譜を見れば、日本でも同様であってもまったく不自然でない。

ところで日本のフリーメイソンの会員数だが、1972年には4786人を数えるほどだったという。その後は減少し、現在は2000人ほどになっているそうだ。

世界支配を目指して暗躍！〝メイソンの親玉〟ロックフェラー財閥

現代アメリカのフリーメイソンの象徴といえば、**〝陰の世界政府〟の主導者とされる「ロックフェラー財閥」**に尽きるだろう。ロックフェラー家は、1870年代にアメリカで初めて石油産業の独占に成功した、いわば〝石油成り金〟だ。

1890年代には複数の銀行を買収するなどして、巨大財閥へと拡大していった。さらには、その資金力にものをいわせて名だたる企業を傘下におさめ、1913年には、財団を設立。以後、政界へのパイプをも強固にし、〝政財界を陰から操る〟存在になっていく。

そして1921年、ロックフェラー財閥は外交問題について分析・討論するために創設された会員制組織**「外交問題評議会（CFR）」**に巨額の資金を提供。ここから輩出される人員は５０００人をくだらないといわれ、ことごとく歴代アメリカ政府の要職についている。

しかし、そのＣＦＲ自体が表舞台に出ることはまずない。マスメディアのトップもすべてフリーメイソンであるがゆえに、情報操作がいともたやすくできるからだ。ちなみに、あの**「国連」も、このＣＦＲの提言によって創設された**という。

１９７３年には、現当主デビッド・ロックフェラーが、日本・北米・欧州の各界を代表する指導者を集めた**「三極委員会（ＴＣ）」**を設立。これを足がかりに、統一政府による世界支配を目指して暗躍しているという。

世界が驚嘆した、その総資産額は――！

さて、ロックフェラーがいかに世界の金融を牛耳っているかを、如実に示すエピソードがある。

１９７４年のウォーターゲート事件で、大統領リチャード・ニクソンが辞任に追い込まれ、副大統領のジェラルド・Ｒ・フォードが大統領の座についた。そして、ニューヨーク州知事をしていたネルソン・ロックフェラーが副大統領に指名されたのだ。

このとき行なわれた資産調査で、ロックフェラー家の財産が初めて開示され、世界中が驚嘆した。その金額は**6400億ドル**。なんと**アメリカ国民総生産の半分以上**という驚異的な数字だったのである。

さらにいえば、ロックフェラー財閥は、**世界中が1年間に生み出す2000兆円の富のうち、10分の1の200兆円を自由にすることが可能**だともいわれている。

ロックフェラー一家が「陰の政府」として君臨し、アメリカはもとより世界を支配できるのは、こうした途方もない財産があるからにほかならない。

ちなみに彼らの出自は、戦前はユダヤ人、戦後はワスプ（アングロ・サクソン系の白人のプロテスタントで、初期移民の子孫たち）とされており、判然としない。あるいは、スペイン・ポルトガル系のユダヤ人貴族の末裔《まつえい》だという説もある。

だが出自がどうであれ、この巨大財閥が〝陰の世界政府〟であることに変わりはないのである。

〝フリーメイソンの教皇〟が予言した「3つの世界大戦」とは――

世界のさまざまな歴史の、特に転換期において存在感を示すフリーメイソンは、「あえて事件を引き起こしている」と囁かれることも少なくない。

実際、その内幕を暴露したような書簡が存在する。

19世紀後半、アメリカのグランド・マスターに君臨していた**〝フリーメイソンの教皇〟アルバート・パイク**が、「イタリア統一の三傑《さんけつ》」のひとり、ジュゼッペ・マッツィーニに宛《あ》てたものがそれだ。

日付は1871年8月15日。そこには**「これから起こる3つの世界大戦は、メイソンの計画の一環としてプログラミングされたものだ」**と書かれていたという。

一見信じがたい内容だが、驚くべきことに、歴史はパイクの書簡に記された通りに展開していく。

サラエボ事件、パレスチナ問題――恐ろしいほどの的中率！

まず第1次世界大戦は、1914年6月28日、オーストリア＝ハンガリー帝国のフランツ・フェルディナント皇太子夫妻がサラエボを視察中、セルビア人の青年によって暗殺されたことをきっかけに勃発したが、実はこの事件、フリーメイソンによって引き起こされたものだった、というのである。

というのも、その後のサラエボ裁判で、なんと**暗殺者一味らが、自分たちがフリーメイソンであることを自白**。さらに、セルビアのフリーメイソンによってこの暗殺計画がつくられたことまで暴露したのだ。

これは、パイクが手紙をしたためてから43年後の事件である。書簡の内容が事実だとしたら、43年も前に、第1次世界大戦は仕組まれていたということになる。

パイクはさらに、1939年に勃発する第2次世界大戦についても予測していた。

“フリーメイソンの教皇”アルバート・パイク

「第２の世界大戦は、ファシスト、そして政治的シオニスト（パレスチナ地方にユダヤ人の国家を建設しようとする人々）との対立を利用して引き起こされる。この戦争でファシズムは崩壊するが、政治的シオニズムは増強し、パレスチナにイスラエル国家が建設される」

　１９４３年のイタリア降伏、１９４５年５月のドイツ降伏、そして同年８月、日本への原爆投下で第２次世界大戦は幕を閉じた。そして**パイクの予言通り、１９４８年にパレスチナにユダヤ人の国、イスラエルが誕生**する。

　そしてパイクは、第３次世界大戦につ

いても言及する。

「**第3の世界大戦は、シオニストとアラブ人との間に、イルミナティのエージェントによって引き起こされる。**それによって紛争が世界的に拡大し、大衆はキリスト教に幻滅し、ルシファー（『新約聖書』に記された堕天使）に心酔するようになり、真の光を享受するのである」

この第3次世界大戦とは、1948年から1973年の4度にわたった、イスラエルと周辺アラブ国家間の中東戦争を指しているのだろうか。それとも、今後起こることとなる戦争を予言しているのか。

それにしても……実に生々しい内容だ。

欧州統合は〝世界政府樹立〟の布石だった!?

1992年に発足したEU（欧州連合）もまた、メイソンが関与しているとされている。

ヨーロッパを統合するという構想を初めて提唱した、オーストリアの政治学者リヒャルト・クーデンホーフ＝カレルギー伯爵が、ウィーンのメイソンロッジ「フマニタス」の幹部だったというのが、そのゆえんだ。

彼は世界をアメリカ、ヨーロッパ、イギリス、ソ連、アジアの各ブロックに分けた、**「世界政府樹立」の実現**を理想に掲げていた。

EUは、ヨーロッパをアメリカのような「合衆国」にしようと目論んだ結果なのだ。この出来事が、1792年の〝フランス共和国〟設立からちょうど200周年にあたるというのも興味深い。

こうして彼らは自らの理想と正義に基づき、国や社会を自分たちの色に塗り替えようとする。しかし、その〝正義〟が多くの人々の意図しないことだとしたら……。それは一種のテロである。

彼らの〝正義〟に巻きこまれないためにも、世界に〝フリーメイソン〟が存在することをまずは認識しておくこと。われわれには、そうすることしか身を守る術《すべ》がないのかもしれない。

コラム

謎と神秘に包まれた「入会条件」と「参入儀式」の全貌！

さて、フリーメイソンの〝秘密結社〟たるゆえん、その「入会条件」と「ルール」、そして「儀礼」について書いていきたい。

当然のごとく、フリーメイソンは誰でも入会できるわけではなく、以下の条件のすべてを満たす者のみが「ブラザー」となることを許されるのだ。

①満20歳以上の成年男性であること。
②一定の収入があり、家族を扶養していること。
③何らかの宗教を信仰していること。
④会員からの推薦があること。

女性が会員にはなれないのは、石工職人時代の名残とされている。また、宗教はキリスト教でもユダヤ教でも仏教でも何でもいい。ただし、無神論者や共産主義者などは〝社会的に確立されていない教えを信じる者〟と見なされ、入会を認められないようだ。

また、会員の知人がいない場合には、グランド・ロッジに直接電話すると、会員を紹介してもらうことができる。

しかし、条件を満たすからといって、すぐに会員に認められるわけではない。選定委員会にかけられ、討議の上、投票で満票を得て初めて会員になれる。ちなみに**入会金は4万〜6万円、年会費は4000〜5000円**なのだそうだ。また、入会を拒否された場合でも、一定期間をすぎると再申請が可能である。

✴「選ばれし者」に課される〝入会の試練〟とは？

さて、入会が決まると、「徒弟」階級への参入の儀式に入る。

儀礼が行なわれるのは、基本となるブルー・ロッジ（青ロッジ）だが、建物にも決まりがある。

ひとつは建物の2階よりも上にあること。さらに、天空を象徴する青く塗られた丸天井には、金色の星が描きこまれていること。床は市松模様で、東・西・南にひとつずつ窓があること。主室のほかに、控えの間もふたつ必要だ。

志願者はロッジにある「準備の部屋」に通されると、数分間ひとりで待つことになる。その後、身につけている金属類をすべて外す。これは**儀礼が財産や社会的な地位と関係がないことを示す**ためだ。

さらに上衣の半分をはだけさせ、左胸を出し、ズボンから左膝を出し、左の靴のかかとを踏む（「職人」階級への参入儀式では、右胸・右膝を出す）。**胸を出させるのは女性でないことの証明で、足は参入儀礼の前に、既に厳しい試練を積んできていることを表わしている**という。

次に、次席幹事のジュニア・ディーコンという役職名で呼ばれる案内役が、志願者に目隠しの布をつけ、もうひとつの控え室「反省の部屋」に案内する。

志願者は、ノックが3回鳴るのを待ち、合図があった後にジュニア・ディーコンによって首にロープを巻かれ、抜き身の剣を胸にあてられた姿で「主室」へと移動する。

主室には3人の役職者がいる。東側にマスター、西側に首席監督官のシニア・ウォーデン、南側に次席監督官のジュニア・ウォーデンが配置される。

志願者は北に配置されるが、これは「志願者がまだ太陽の光に耐えうる力を持っていない」と考えられているからだ。

主室に入り、いくつかの質問がされた後、剣は取り除かれ、部屋中を

目隠しをし、胸をはだけた「徒弟」参入志願者

メイソンの「職人」階級への参入儀式の様子。右端の目隠しをしている人物が志願者

引き回されることになる。

マスターの命により、**高いところから飛び降りたり、火の上を歩いたり**と、いくつかの試練を乗り越えることになる。

これが終わるとマスターによる3度の槌《つち》の音によって、目隠しが外される。

こうして志願者は、新たな「ブラザー」と認められるのだ。

〝死と再生〟を演じる「マスター階級」への参入の儀式

これが「マスター」階級への参入

儀式となると、また趣が変わってくる。『旧約聖書』に記された、古代イスラエル王国の最盛期を築いた**ソロモン王の時代の、死と復活の伝説「ヒラム伝説」を再現**しなくてはならないからだ。

ヒラム伝説を、以下に簡単にご説明しよう。

「ソロモン王の神殿を建立する際、その造営の最高責任者であったヒラムは、腕の立つ技術者として慕われていた。彼は〝秘密の合言葉〟を用いることによって、労働者たちを統率していたのであった。

しかし、その地位と秘儀を妬み、奪おうとした3人の職人によって**『合言葉を教えろ、さもなくば命を奪うぞ』**と脅される。頑として口を割らなかったヒラムは、ついに殺されてしまう。3人は彼の亡骸《なきがら》を土の中に埋めた。

ソロモン王が派遣した探索隊によって、ヒラムの亡骸は死後14日になって発見される。しかし、**なぜか腐敗は一切しておらず、先に紹介した秘密の握手法『ライオンの握手』によって復活を遂げた**」

というものだ。そのため儀式が行なわれる部屋も、死を暗示する黒を基調とした室内に変わる。

さて儀式は、「ヒラム伝説」が朗読される中、志願者が演じるヒラムが3人の弟子に殺されるシーンからはじまる。殺害されたヒラム役の志願者は、足をコンパスのほう（上方）に、頭を直角定規のほう（下方）に向けて棺の中に入る。

そして志願者は、ヒラムを蘇《よみがえ》らせたものと同じ「ライオンの握手法」によってメンバーから起こされる。再現が一通り済むと、志願者は秘密厳守の誓いを述べ、〝秘密の合言葉〟が伝えられて儀式が終了する。

このように、「マスター」の階級に上がるための儀礼の中心をなすのは、**「死と再生の儀式」**だ。志願者はヒラムの聖劇を演じることで、彼と同一化する。

それは既存の自己を一度殺し、ヒラムの霊を蘇らせることで、自己変容を遂げることも意味するのである。

2章

世界中の〝権力・富・情報〟を握る「イルミナティ」の全貌

——〝闇勢力の頂点〟に君臨し、人類を思うがままに操る！

〝陰謀の世界の王者〟と呼ばれる

闇の組織――それがイルミナティだ。

その幹部には、王族、大富豪、権力者、歴代大統領など、

そうそうたる顔ぶれが名を連ねるという。

本章は、そんな彼らの知られざる〝黒い企み〟を、

白日の下に晒すものである。

悪名高い〝オカルト秘密結社〟イルミナティとは何か

過去、そしてこれからの世界の展望を語るとき、「陰謀論」とともに必ずといっていいほど名前が挙がる秘密結社がある。

イルミナティ――。

正式名称を**「バイエルン啓明《けいめい》結社」**というこの秘密結社は、１７７６年、ドイツ南東部にあるバイエルン公国の中堅都市、インゴルシュタットに誕生した。

創設者はインゴルシュタット大学の弱冠28歳のユダヤ人教授、**アダム・ヴァイスハウプト**だ。

ヴァイスハウプトはわずか20歳で法学の学位をとり、24歳にして教授、27歳のときには法学部長にまでのぼりつめた天才だったが、それゆえの苦悩もあったようだ。彼はカトリックの男子修道会であるイエズス会の神学校で学び、イエズス会系のインゴルシュタット大学で教鞭をとるようになるのだが、学問を究めるにつれ、イエズス会の反科学的な姿勢に不満をつのらせるようになった。

「反・キリスト教」の思想から結成！

ヴァイスハウプトは徐々にイエズス会を離れ、古代エジプトの神秘学、ピタゴラス学派、ユダヤ教エッセネ派、グノーシス主義……などのオカルティックな思想へと傾倒していく。さらに、自由と平等を標榜《ひょうぼう》するフランスのジャン・ジャック・ルソーやドゥニ・ディドロに影響を受け、彼らの著書を読みあさるようになる。

そうして学内に誕生させたのが、イルミナティの前身となる「完全論者の教団」だった。

会員は彼の友人や弟子など、わずか3人だったが、「自由と平等を誰もが享受できる世界の建設」を目標に、熱心に研究が進められた。

ヴァイスハウプトは、**「人間は誰もが王になれる素質を潜在的に有している」**と、ヨーロッパ全体を覆う王政に反発。「啓明（イルミネイション）」によって、自身の力で意識や人格、霊格を向上させ、より高いレベルへ至ろうと考えたのだ。

この思想に賛同する者は多く、やがて市民や下級貴族らが多数入会してきた。そこで彼は、それぞれのレベルに応じた位階を設ける。

当時の位階は実にシンプルで、「新参入者」「ミネルヴァル」「ミネルヴァル啓明」の3つのみであった。

そこから**さらなる高みに達した者には、古代の英雄らの名前を用いた“戦士名”を名乗ることを許したという**。

その入会条件も「団員からの紹介を受けた者」とハードルが低かったらしい。

反イエズス会や反王政という理念

イルミナティの創設者
アダム・ヴァイスハウプト

に賛同する者も少なくなく、当初は順調に会員数をのばしていた。しかし、シンプルすぎるシステムゆえに、すぐに飽きられ、イギリスから上陸してきた「フリーメイソン」へと人々の関心は移り、多数の退会者を出す。

「なんとか会員の減少に歯止めをかけたい」——そんなとき、彼らが出会ったのが、フリーメイソンのメンバーだった作家のアドルフ・フォン・クニッゲ男爵だった。

フリーメイソンのロッジに潜伏し、勢力拡大！

高位のメイソンだったクニッゲ男爵は、フリーメイソンに関する豊富な知識と情報、そして人脈を有していた。クニッゲ男爵と意気投合したヴァイスハウプトは、すぐさま彼をイルミナティに招き入れ、最高位の〝戦士名〟を授ける。

クニッゲ男爵もヴァイスハウプトの期待に応え、結社の階位を13に改めるなど、儀礼システムを大改革。さらに自身の人脈を利用し、貴族や政治家、高級官僚、学者、軍人と多くの有力者をイルミナティに招き入れることにも成功した。

さらにヴァイスハウプトは、フリーメイソンにも入団。**メイソンの内部に潜伏**することによって、勢力の拡大をはかったのだ。

こうしてフリーメイソン内に派閥を築いたイルミナティは、ドイツ各地のロッジにも勢力を伸ばしはじめ、時には、ほぼ乗っ取ることもあった。入会者はいよいよ2000人にも到達。

一説によると、**かの文豪ゲーテや音楽家モーツァルトも会員となった**という。

赤子を生け贄にして〝黒ミサ〟を⁉

しかし、勢力を拡大する過程で、啓蒙思想の研究会にすぎなかったはずの結社が、政治色を強く帯びるようになっていく。ヴァイスハウプト自身、反体制、反キリスト教から、革命思想へと、理念を転換させていった。

さらに、結社内で影響力を強めていくクニッゲ男爵に対し、ヴァイスハウプトが反発。両者は決別し、クニッゲ男爵は結社を脱退してしまった。それだけヴァイスハウプトの思想の過激化に歯止めがかからなくなっていたのだろう。

時を同じくして、イルミナティはイエズス会ばかりか政府からも危険視されるようになり、1784年とその翌年に2度の活動禁止令を受け、逮捕者まで出した。さらにメンバーだった官僚らが政府から処分されると、たちまち衰退。ヴァイスハウプト自身が亡命、そして私生児を堕胎させるというスキャンダルも起こった。

これによって、**「イルミナティは、赤子を生け贄にする黒ミサを行なう」という噂**が流布。こうして悪評の蔓延したイルミナティは、1786年に消滅してしまう。創設からわずか10年の出来事だった。

イルミナティは大富豪「ロスチャイルド家」の肝煎りで産声をあげた!?

1786年に消滅したとされるイルミナティだが、その命脈《めいみゃく》は密かに引き継がれたという説がある。**「イルミナティはロスチャイルドの金銭的バックアップ」**を受けてつくられた、という黒幕説がその根拠だ。

今や**世界の富の7割を所有している**といわれるロスチャイルド財閥が歴史に登場するのは、18世紀。ドイツのフランクフルトに住んでいたユダヤ商人、マイヤー・アムシェル・ロスチャイルドが、イギリスのウィルヘルム伯爵と親密になり、その紹介で宮廷に入りこみ、やがて貴族への金貸しをはじめていく。

その後、戦争の際の資金調達も任されるようになり、戦乱の度に得た莫大な手数料で財を成したロスチャイルドは、19世紀には鉄道業にも着手。オーストリア、フランス、ベルギー、イタリアにまで手をのばし、ここでも巨額の富を得た。

銀行業としても、世界でもトップクラスの企業や資本家にとどまらず、イギリスやフランス政府、カトリック教会にも融資し、ついに国際銀行のトップに立つ。さらに石油資本にまで手をのばし、ここでも成功。**「世界の金融を牛耳る」**といわれる財閥にまで成長を遂げたのだ。

ロスチャイルド財閥の推定総資産額は5000兆円ともいわれており、世界中の銀行や宝石、金、武器、石油業界、原子力業界、マスメディアを意のままに操ることのできる世界最大の勢力といっていいだろう。

そんな彼らを、やっかむ者がいないほうが不思議ともいえる。ロスチャイルドの成功の陰で、人々は**「金儲けのために何らかの工作をしたに違いない」**などと囁くようになる。その根拠とされたのがイルミナティだ。

彼らは今も〝世界征服〟を目論んでいる！

1921年、イギリスの著述家、ネスタ・ウェブスター夫人が著書の中で、

イルミナティは、消滅していなかった！

「世界史上の出来事はすべて、秘密結社が企てた陰謀の産物である。その元締めがイルミナティだ。彼らは現在も地下に潜み存続している。イルミナティの中核を占めているのは、オカルティスト、ユダヤ人、共産主義者で、彼らはキリスト教文明を転覆させるために日夜活動に励んでいる。フランス革命もロシア革命もイルミナティの謀略である」

とぶちまけたことも、この陰謀論に拍車をかけた。ユダヤ系だったロスチャイルド財閥がイルミナティと結びつけられるのは、ごく自然な流れだった。

さらに「**『シオン議定書』**は、ヴァイ

スハウプトがロスチャイルドの依頼を受けて作成したものだ」とまで囁かれるようになる。

『シオン議定書』とは、24の議定で構成された、ユダヤ人による世界征服とユダヤ王国設立の野望を実現するためのプロセスが記された奇書だ。1903年にロシアで発見され、〝ユダヤの長老たちの秘密会議の議事録〟として世界的な大ベストセラーとなった。その中身はショッキングなもので、後の反ユダヤ主義、ユダヤ人弾圧へとつながった、いわくつきの書でもある。

100年以上前の書物でありながら、

「世界征服のためには国家、階級、世代、性別の対立を煽るべし」
「民衆に対し、戦争や革命、暴動などの社会不安を誘発せよ」
「メディアを利用した大衆の洗脳と白痴化の徹底」

など、そこに書かれている内容は、現代囁かれているイルミナティの陰謀論とほぼ一致する。

ともかく、ロスチャイルドはヴァイスハウプトにイルミナティをつくらせ、この

『シオン議定書』に書かれた野望の達成を目指したのだという。

また、**ヴァイスハウプトは亡命後もフリーメイソンに所属し、最高位にのぼりつめ、イルミナティの啓蒙に努めた**とも噂された。

ケネディ家、オナシス家——あの〝華麗なる一族〟も!?

イルミナティに関しては、こんな話もある。

1995年にフリッツ・スプリングマイヤーによって書かれた『イルミナティ 悪魔の13血流——世界を収奪支配する巨大名家の素顔』によると、**イルミナティは世界的に有名な超大富豪12家——〝イエスの血を引く〟と自称するダビデの血脈の者によってつくられた**のだという。

そこには、ロスチャイルド家にロックフェラー家、J・F・ケネディ米大統領を輩出したケネディ家など、世界的に有名な名家がずらりと名を連ねている。ほかにもオナシス家、デュポン家、コリンズ家、ラッセル家、アスター家、バンデ家、フリーマン家、李家、ファン・ダイン家と、華麗な家柄の名前が並ぶ。

ちなみにスプリングマイヤーは、その後「銀行強盗を働いた」という事実無根の罪状で、禁固30年の刑を言い渡されている。

元カナダ海軍の諜報担当士官だったウィリアム・G・カーもまた、著書『赤い霧がアメリカを覆う』の中で、1900年前後のイルミナティのメンバーとして同様の名前を挙げている。

ちなみに地球上の富の80パーセントはイルミナティのもので、うち50パーセントはロスチャイルド一族のものだという。

さらに、**日本の銀行の株式も40パーセント近く保有している**という噂もある。

もちろん真相はわからない。だが、それもこれも巨大銀行という世界の金融システムを支配しているロスチャイルド財閥ならではの話だ。

〝悪魔崇拝〟こそがイルミナティの「真の目的」だった⁉

先にも述べたように、イルミナティはフリーメイソン内の一派閥であるとされている。しかし、その思想はメイソンの本流とは大きく異なっている。

フリーメイソンは入会の条件に「信仰する宗教があること」を挙げており、多種多様な宗教の信者を会員に迎えるが、**イルミナティはむしろ「キリスト教」「イスラム教」「ユダヤ教」を特に蔑視《べっし》しているのだという。**

なぜか。それは、これらの宗教で崇拝される〝神〟を、この世の悪の根源だと定義づけているからだ。

イルミナティを創設したヴァイスハウプトは、次のような言葉を残している。

「理性が、人間の唯一の規範となる。

これこそ、我々の最大の秘密である。

理性が、唯一の信仰の対象となるとき、
いよいよ、長年の人類の問題は解決する」

つまり、彼は典型的な**グノーシス主義者**だった。4章で詳述するが、グノーシス主義は〝知識を授ける神〟を「善」とし、〝物質世界の創造主〟は「悪」ととらえた。したがって、『旧約聖書』に出てくる創造主は、まさに〝悪〟そのもので、アダムとイヴに智恵を授けた蛇のような存在は、むしろ〝善〟である。『旧約聖書』を聖典に掲げる宗教の理念とは、真逆の思想を掲げているのだ。

また、キリスト教とイスラム教、ユダヤ教の神が〝唯一神〟を称え、排他的である点も気に入らなかった。唯一神が生み出すのは、差別やいがみ合い、憎しみ、そして殺戮《さつりく》だ。**宗教間の対立を、時に戦争にまで発展させる一神教を、イルミナティは軽蔑していたのだ。**

また、「知」を求めるイルミナティたちは、これらの宗教の信者らの信仰心にも違和感を持っていた。神の言葉に疑問を抱かず、やみくもに信じる信仰心の強さは、別の視点から見ると完全な「思考停止」である。彼らが理念に掲げる「知」とは、ほど

イルミナティが崇める堕天使ルシファー（画面右）

遠い存在だったのである。

イルミナティが崇める“堕天使ルシファー”とは？

では、イルミナティが信仰する神とはどのような存在だろう。そう、**神と敵対する存在、“ルシファー”**だ。

イルミナティメンバーは、天地を創造し、物質社会を統治する神を〝サタン〟と呼び、精神世界を統治する神を**〝ルシファー〟**と呼ぶ。

ルシファーは『旧約聖書』には「かつて光の天使として絶大な力を持っていたが、その力を過信して地獄に落ちた堕天使」と記されている。

しかし、イルミナティたちは『旧約聖書』の内容を真逆の意味に解釈し、**「ルシファーこそサタンの陰謀によってはめられた、真の神」**とみなした。

もちろん、この思想は彼らのトップシークレットであり、表向きは三大宗教のいずれかの信者を自称している。しかし、真に信仰しているのはルシファーなのだ。

「666」――なぜ〝悪魔の数字〟がニューヨーク5番街に!?

彼らイルミナティを判別する、わかりやすい方法がある。

『新約聖書』の中でルシファーが「666」と表現されていることから、イルミナティたちは「666」の数字を特に大切にするのだという。イルミナティにとって、「666」は〝聖なる数字〟なのだ。

この666だが、驚愕の場所で目にすることができる。

たとえば、〝アメリカの陰のドン〟と称されるロックフェラーが所有するニューヨーク5番街のビル。そのビルの入口と頂上に666の数字がしっかりと記されてい

決定的証拠――「666」を誇示するかのようなロックフェラーのビル

るのだ。

さらに、**「欧州の親玉・ロスチャイルドのビル内で666という数字を至るところで見た」**という報告も数多くある。

それだけではない。インターネットも666が支配するという。多くのアドレスのトップにくる、WWW（World Wide Web）のWは、ヘブライ語アルファベッドの6番目にくるvavに相当する英文字だというのが、その根拠だ。

そして――日本でもこの666の数字があらゆる場所に隠れている。

ゴールドマン・サックスやリーマン・ブラザーズ、グーグルの日本支社や、テレビ朝日が入る「六本木ピラミデビル」

の住所は、六本木6―6―6。

現在、日本で流通している硬貨を1枚ずつ足していくと、合計金額が666円。また、日本のAMラジオ局の周波数を足すと、すべて「18」になるという。東京の周波数を書き出してみよう。

NHK第1　594キロヘルツ　5+9+4=「18」
NHK第2　693キロヘルツ　6+9+3=「18」
TBSラジオ　954キロヘルツ　9+5+4=「18」
文化放送　1134キロヘルツ　11+3+4=「18」
ニッポン放送　1242キロヘルツ　12+4+2=「18」
ラジオ日本　1422キロヘルツ　14+2+2=「18」

「18」を展開すると6+6+6。そう、イルミナティがこよなく愛する数字、666だ。イルミナティが日本の電波をも支配していることの、確たる証拠だろう。

そして、東京の新しい電波塔・スカイツリーの高さは634メートルと公表されているが、実際は666メートルだという噂もある。

中枢組織「三百人委員会」による驚愕の〝世界人類家畜化計画〟！

さて、数々の謎に包まれた秘密結社中の秘密結社、イルミナティだが、その中心部に、さらに**〝選び抜かれた血脈〟**によって運営されている団体があるという。**「三百人委員会」**がそれだ。

そのメンバーには、**エリザベス2世**をはじめとするヨーロッパの**ロイヤルファミリー**や、イタリアの**メディチ家**、**ロスチャイルド家**など、そうそうたる顔ぶれが並ぶという。

この「三百人委員会」が設立されたのは1727年。**イギリスの「東インド会社」に関わった有力者300人の会議に基づいてつくられた**という。

中国を国家的アヘン中毒に――「東インド会社」の恐るべき陰謀！

東インド会社はアジアとの貿易を認められた特許会社で、もともとは香辛料貿易で莫大な利益を得てきた。大航海時代真っただ中のヨーロッパにおいて、肉の保存性を高める香辛料の価値は極めて高く、金と交換されるほどの貴重品だった。また、特に中国で採れる良質の茶葉は、上流階級の喉《のど》も潤す最高級品だった。

しかし、高価な香辛料や茶葉の購入には、それなりの対価が必要になる。赤字貿易を危惧した彼らがとった行動は、**強力な中毒性を持つ麻薬・アヘンを中国に売りつけることだった。**

アヘン貿易をするにあたって、まず東インド会社は、ロンドンの王立植物園でケシを育てはじめた。そしてケシの親株がいくつかできるとインドに運びこみ、そのためだけにつくった広大なプランテーションで生産をはじめた。

インドにプランテーションをつくったのは、イギリスおよび東インド会社がアヘンの中毒性の恐ろしさを知り尽くしていたからだ。ケシはそこから未加工の形でイギリスの船で中国へと運ばれ、中国の人々に売られた。

こうして東インド会社は、自国イギリスに一片もアヘンを入れることなく、**中国を国家的アヘン中毒に陥らせた**のだ。アヘン貿易によって東インド会社が手に入れた富は莫大なものだった。

極めて極悪非道な手法ではあるが、生まれながらにして特権階級に属していた彼らにとって、庶民の痛みなどわかるはずがない。それどころか彼らは、このアヘン貿易によって世界を意のままに操るという〝甘い汁〟の味を堪能し、さらなる汁が得られる方法を模索しはじめるのだ。

英軍の元諜報員が告発した〝あまりに邪悪な所業〟とは――

さて、このように極悪非道な行ないをしていた「東インド会社」にルーツを持つ「三百人委員会」であるが、１９９０年頃から、にわかに陰謀論者らの口にのぼるようになった。

火付け役になったのは、**イギリス軍の秘密情報部「MI－6」**の元諜報員《ちょうほういん》だったジョン・コールマン博士の書籍、その名も『三百人委員会』だ。

MI－6時代、コールマン博士は立場上、イギリス国内はもとより、世界各国の最高機密文書に目を通すことができた。そこで目にするのは、三百人委員会のあまりにも邪悪な所業だった。

コールマン博士はその実態を世界に告発すべく、「MI－6」を引退。今なお続く**三百人委員会の陰謀を暴露**したのだ。

博士によると、〝世界征服〟を目指していると、たびたび陰謀論者の口にのぼる「王立国際問題研究所」「日米欧三極委員会」「外交問題評議会」「ローマクラブ」「タヴィストック人間関係研究所」「NATO（北大西洋条約機構）」「円卓会議」「国際通貨基金」などは、あくまでも三百人委員会の下部組織にすぎないのだという。

ちなみにこれらの機関は、米英両国政府の中枢にまで食いこみ、両国の政策に大きな影響を与えている。

ケネディ暗殺もイルミナティが仕組んでいたのか——

さらにこれらの組織は、2つの世界大戦をはじめとする過去の大きな戦争や革命、ケネディ元大統領やイタリアのモロ元首相などの要人暗殺、ニクソン大統領のウォーターゲート事件などにも関与したという。

博士は**「9・11同時多発テロ事件」も、三百人委員会が裏で糸を引いていたのではないか**と分析する。

博士が危惧するのは、彼らが目指す〝彼らにとって〟の理想の世界の実現だ。

というのも、彼らが世界秩序を破壊してまでほしがる「新世界秩序（ニュー・ワールド・オーダー）」とは、彼らを神とした、**「世界人類の奴隷化」「家畜化」**にほかならないからだ。

こう聞いて、「知」を求め、「物質社会」を忌み嫌うイルミナティの思想と、はるかに矛盾するとお思いの方も多いだろう。

しかし、彼らがキリスト教的思想を〝悪〟とみなしているとすれば、話はシンプルになる。彼らは〝悪〟を排除し、自らが新たな〝神〟になりたいのだ。「知」を求めるのは一部の特権階級のみでよく、民衆は〝神〟のもとで、いわば家畜として存在すればいい。

実際、三百人委員会のメンバーを見渡すと……金、ダイヤモンド、石油、ウランなど、既に世界中の経済資源を手中におさめている。そして、マスコミを完全にコントロールしている……。一部の人々から〝神〟と呼ばれているのは、事実だろう。

あのビル・ゲイツも〝戦慄の人口調整計画〟に関与していた!?

先のコールマン博士によると、新世界秩序（ニュー・ワールド・オーダー）を実現すべく、イルミナティのトップ、「三百人委員会」が現在取り組んでいるのは、**「人口の調整」**だという。

確かに、世界の人口は増え続けている。国連の２０１１年版「世界人口白書」によると、２０１１年10月31日に世界の人口は70億人を突破したという。19世紀末の世界人口は16億人だったというから、その急増ぶりには目を見張るものがある。

現在もアフリカなどの発展途上国を中心に人口は増え続けており、２０５０年には96億人、今世紀末には１００億人、出生率が少し上がれば１５０億人に達するといわれている。

そこで問題になってくるのが、食糧不足や資源不足、そして貧困と環境汚染だ。イルミナティが世界人口を削減しようとしているのも、そのためだ。

もちろん、**人口を減らす最も効率的な手段は「戦争」**だ。しかし、戦争を行なうとなると、それなりの裏工作が必要になる。

「ゲイツ財団」が〝人権無視〟の罪深い避妊法を開発！

そこへ、筆者のもとに恐ろしい情報が入ってきた。**イルミナティのメンバーであるとされる、かのマイクロソフト社のビル・ゲイツ**が、恐ろしい方法で堂々と人口削減に取り組んでいるというのだ。

２０１２年、ビル・ゲイツが運営する「ビル＆メリンダ・ゲイツ財団」が、超音波による男性の避妊法の開発に成功したという小さなニュースが、新聞の片隅に掲載された。それはなんと、「精巣に超音波の暴風をあてることで、６カ月間の間は安全に精子の生産が止められる」というものらしい。

現在インドで治験が進められ、２０１３年までにはインドで認可がおりると目されている。この機械を女性の卵管にも使えないかとの研究も進められているというが、

イルミナティに属し､人口削減計画に
取り組んでいると噂されるビル・ゲイツ

この方法であれば、人権を無視した強制措置も可能だろう。従来の避妊方法と比べはるかに罪深いことを、あのビル・ゲイツが堂々と行なっているのだ。

さらにビル・ゲイツには、こんな気になる話もある。

カリフォルニア州ロングビーチで行なわれたＴＥＤ（Technology Entertainment Design）カンファレンス２０１０会議で、急増する人口問題にふれ、

「われわれが新しいワクチン、医療、生殖に関する衛生サービスに真剣に取り組めば、人口のおよそ10～15パーセントは削減できるだろう」

と語ったというのだ。

コールマン博士は、**「三百人委員会は、世界人口を2050年までに自分たちが管理可能な水準、10億人程度にもっていこうとしている」**と話している。

ここでいう10億人とは、いわゆる「家畜人」で、管理をするのは三百人委員会と、その直系のエリートだ。

恐怖しか感じないストーリーである。

完全非公開！
〝陰のサミット〟ビルダーバーグ会議とは⁉

年に一度、ヨーロッパやアメリカで**「ビルダーバーグ会議」**という、〝イルミナティの年次総会〟また**〝陰のサミット〟**と囁かれている集会が開かれているのをご存知だろうか。

その**会議の全貌は完全非公開**。

内容がメディアなどで紹介されることは決してない。

会議が開かれる2～3日間、会場となるホテルの従業員たち全員に休暇をとらせ、専門のスタッフが動員される。つまりホテルを完全に貸し切るのだ。

もちろん、会議の前には盗聴器などの点検が徹底して行なわれ、関係者以外一切、シャットアウトする。仮に内部に侵入できたとしても、発見されるとすぐに捕らえられ、逃亡しようものなら射殺も辞さないという。

このような厳戒態勢が敷かれていることから、〝内部では悪魔儀式や乱交パーティ、麻薬パーティなども繰り広げられているのではないか〟などと語られることもあるようだ。

そして、そこに参加するメンバーがとにかく豪華なのだ。前出のデビッド・ロックフェラーやビル・ゲイツをはじめ、欧米各国の指導者や主要政党の代表者、王室関係者に世界的大企業、世界的メディアのCEO、世界銀行、国際通貨基金、国連、EUの首脳陣と、そうそうたるリーダーたちが顔を揃える。G8首脳会議でも比較にならないような顔ぶれだ。

言うに及ばず、彼らの言動は確実に世界を動かす。**この会議で決められたことは、〝世界の取り決め〟といっても過言ではない**のだ。

❸創設者はオランダの王族で元ナチスSS隊員の〝死の商人〟!

創設者はポーランドから亡命した社会学者ジョセフ・レティンガーとオランダのべ

ルンハルト王配《おうはい》（女王の夫）。１９５４年、第1回目となる会議がオランダのビルダーバーグ・ホテルで開かれたことからこの名称がつけられた。

この2名の経歴が、実に興味深い。ジョセフ・レティンガーは第2次大戦後、欧州の統合を提唱した1人であり、欧州評議会の設立にも尽力している。

一方、ナチスのSS隊員（親衛隊）だったベルンハルト王配は、アウシュビッツで用いられた毒ガス「チクロンB」を製造した親会社「IGファルベン」の役員秘書を務めていたという。戦後も、アメリカの軍事産業と欧州を橋渡ししていたことでも知られる。

彼は創設時から議長の職についていたが、１９７６年にロッキード事件への関与が発覚し、辞任したという「死の商人」「黒い貴族」の異名を持つほどの大悪党だ。

「オバマ政権誕生」も、この会議で〝決められていた〟⁉

ここで話を戻そう。この会議に出席できるのは、欧州各国から80名、アメリカから30名、国際機関などから10名の計１２０名。イスラエルや中東の一部の国は参加できるものの、完全な欧米人種主義で、日本人はメンバーに入っていない。

そのため**ロックフェラーは「ビルダーバーグ会議に日本も参加させよう」と、幾度となく提案**したようだ。しかし、ヨーロッパ陣営によって退けられ、対応策として発足したのが、1973年設立の**「日米欧委員会（のちに三極委員会）」**である。

このように、ロックフェラーと欧州勢は、どうも意見が相違することが多かったようだ。

表向きはロックフェラーを名乗るが、簡単にいえば「ロックフェラー＝アメリカ」だ。利害関係がひとつになりにくい側面もあるのだろう。

それが顕在化したのが、2006年の対イラク戦争問題だ。イラクに攻撃を仕掛けるにあたって、ロックフェラーは何としても欧州の賛同を得たかった。

しかし欧州は、その背後に見えるイスラエルの影を嫌い、頑《かたく》なに拒絶したのである。

そんなイラク戦争中の2008年、アフリカ系アメリカ人初のオバマ大統領による政権が誕生するが、**オバマ政権誕生もビルダーバーグ会議で〝既に決められていたこと〟**なのだという。

オバマ大統領もイルミナティの“操り人形”にすぎないのか

もちろん、これらのエピソードは〝噂〟である。しかし、ビルダーバーグ会議がそれだけ〝世界情勢に多大な影響を与えている〟と、人々が認識していることの裏返しだろう。

日本では〝陰謀論者の戯言《ざれごと》〟と一笑に付されることのほうが多いが、**欧米では毎年主要ニュースとして、メディアに取り上げられるほど注目**されているという。

それでも……その会議内容については、一切漏れ聞こえてこないのだ。出席者名簿や備忘録の流出もあったようだが、本物かどうかは定かではない。

この不透明さから、ここ数年は開催地

で「アンチ・ビルダーバーグ」や「ストップ、ニュー・ワールド・オーダー」と書いたプラカードや横断幕を手にした市民団体のデモが行なわれている。

彼らにとって、ビルダーバーグ会議の決定事項は、それだけ危機的なものであることは間違いないだろう。

3章

〝古代の叡智〟を手にした「テンプル騎士団」の秘密

――なぜ、あらゆる「秘密結社の祖」は〝超絶パワー〟を発揮できたのか？

中世ヨーロッパの伝説的秘密結社「テンプル騎士団」。
〝聖地の守護者〟として歴史にその名を刻むが、
その実態は……。
また、彼らの〝残党〟が、
意外な地で活動を続けているとの情報もある。
そう——騎士団は、現代もなお暗躍しているのだ！

中世ヨーロッパの武装修道会「テンプル騎士団」の栄光と挫折

古代の叡智を継承した秘教集団といわれる**「テンプル騎士団」**は、**あらゆる秘密結社の元祖**であり、かの**フリーメイソンのルーツ**だともいわれている。

伝えられるところでは、その起源は11世紀末からの**十字軍遠征**にある。

１０９６〜１０９９年の第１回十字軍の遠征で、キリスト教徒がイスラム教徒の支配する聖地エルサレムを奪還し、エルサレム王国を樹立した。しかし、エルサレムに残る十字軍兵士の数は少なく、反面イスラム勢力は衰えておらず、聖地巡礼者たちは依然として危険にさらされていた。

そうした状況下の１１１８年、**フランスの貴族ユーグ・ド・パイヤン**をリーダーとする９人の騎士が、巡礼者を異教徒の襲撃から守り、エルサレム王国の治安を維持するために武装修道会を設立した。
当初は**「キリストの貧しき騎士たち」**と名乗ったが、エルサレム王ボードワン2世がソロモン神殿の跡地を彼らに与え、そこを本部としたため「ソロモン聖堂騎士団」と改称し、一般には「テンプル騎士団」と呼ばれるようになる。
彼らは赤い十字架を縫いつけた長衣の白いマントを身にまとい、聖地エルサレムを巡礼する人々を守るべく奮闘したとされている。だが、基本的には修道士の集団だったので、**戦闘時以外は戒律を守り、神に祈りを捧げ、清貧な生活を送ることが義務づけられていた**という。
また**入団の際にはすべての私有財産を放棄し、騎士団に捧げる**という規則があったため、騎士は清貧でも、騎士団自体は一国家にも匹敵する莫大な財産を有するようになっていく。

〝伝説的〟ともいえる「強さ・勇敢さ」の秘密

設立から10年を経た1128年、バイヤンら数名の騎士はローマを訪れ、教皇ホノリウス2世にテンプル騎士団の公認を懇請《こんせい》。当時の宗教界に絶大な影響力を持っていたシトー修道会の神学者ベルナール・ド・クレルヴォーのバックアップもあって、教皇はテンプル騎士団を騎士修道会として正式に認可した。

こうして、教皇直属の公的武装組織が誕生したのである。

「聖なる騎士」テンプル騎士団

その後の1139年には、教皇インノケンティウス2世が、テンプル騎士団に国境通過の自由、課税の免除、逆に自らの管轄地で税の徴収を行なえる権利を与え、さらには教皇以外の君主や司教への服従の義務を免除するなど、多くの特権を与えたことで、その勢力が拡大していった。

騎士団はこのようにして、しだいに治外法権的な集団へと発展し、変貌していった。

しかも**「清貧、貞節、服従」**をモットーとするテンプル騎士団の戒律は非常に厳しく、数次に及んだ十字軍の遠征で勇猛果敢な戦闘ぶりを見せたこともあって、発足時はわずか9人のメンバーだったが、全盛期には2万人を超す最大規模の騎士団へと発展していったのである。

そうした**テンプル騎士団の騎士たちの強さと勇敢さは、伝説的といえるほど凄まじかった。**たとえば、1177年のモントギサールの戦いでは、軍功名高いエジプト、アイユーブ朝の始祖サラーフッディーン率いるイスラム軍を撃退し、フランスのフィリップ2世やイングランドのリチャード1世とも共闘。

イベリア半島でもイスラム勢力を蹴散らし、華々しい戦果をあげ、ヨーロッパの大衆に熱狂的に支持されて、急激に団員の数を増やしていったのである。

テンプル騎士団の〝もうひとつ別の顔〟とは？

強さと勇敢さを誇った彼ら騎士団だったが、もうひとつ別の顔もクローズアップされるようになる。それは**ビジネスに貪欲になっていく騎士団の姿**である。

テンプル騎士団は、その財力にものをいわせて中東地域に多数の要塞をつくり、そこに傭兵《ようへい》を輸送するばかりか、巡礼者からも金をとって輸送。その帰途には香料やシルクなどの中東の物産を持ち帰ってヨーロッパで売りさばくことで、莫大な富を得たのである。

テンプル騎士団の結束は固く、彼らはヨーロッパ全土にネットワークを形成し、その支部はイングランドをはじめフランス、ドイツ、シチリアなどを筆頭に大小含め、なんと1万カ所以上にも及んだという。

それればかりではない。裕福な騎士や領主たちは、莫大な財産を彼らに預けた。さらには教会や信者からの寄進、イスラムからの戦利品、戦死した騎士の財産を引き継ぐことで、騎士団の資産は雪ダルマ式に肥大化していった。

そして最盛期には、ヨーロッパ全土に9万カ所もの広大な領地を有し、**フランス国王をもはるかにしのぐ財力**を誇り、**ヨーロッパの金融界を牛耳る**ほどだった。

こうした状況を背景に、テンプル騎士団はさらなる経済活動をはじめる。蓄積されている資金を王侯貴族へ融資するだけでなく、フランス国王にまで資金援助したのだ。

さらに、巡礼者から旅の資金を預かり、預金証明書発行業務を開始。ヨーロッパ各地の支部から引き出せる金融ネットワークをつくり、同時に為替の取引、手形割引なども手がけた。

いわば、彼らは**最古の〝銀行〟システムをスタートさせた**のである。

騎士団の〝巨大な富〟に目をつけた端麗王の陰謀

だが、この経済活動が、やがては自らの首を絞めることになる。

金融ネットワークの急激な発展が、人々の反感を買いはじめたのだ。

「本来、巡礼者を保護すべき騎士団が、金儲けの集団に堕ちた」

「銀行屋になりさがり、本来の騎士道を忘れてしまったのか」

という批判の声が、あちこちから聞かれたのだ。

拍車をかけるように、戦況が悪化した。まず、1187年、1244年の2度にわたってイスラム勢力に敗れ、**聖地エルサレムが陥落**。これによってテンプル騎士団の軍事的拠点も次々と崩壊していく。そして1291年、十字軍の活動そのものが終結すると、テンプル騎士団もその設立目的を喪失してしまったのである。

1298年には**ジャック・ド・モレー**が総長に就任し、本部もキプロス島へ移されたが、団員は発足当初の禁欲的で勇敢な姿勢を失った上、聖地を失陥したと非難され、さらに騎士団が有する巨大な富に対する妬みが大衆の間に広がっていったのだ。

こうして彼らを取り巻く状況は、悪化の一途をたどっていく。

そこに目をつけたのが、**フランス国王フィリップ4世**だった。**端麗王**《たんれいおう》**（美男王）**と追号されたこの君主は、彼らから多額の借金をしていたのだ。

そこで国王は、テンプル騎士団の壊滅を企てる。

それが成功すれば、多額の借金を消せるばかりでなく、彼らの莫大な財産を手中にできるからだった……。

〝聖なる守護者〟から「打倒フランス王国」の秘密組織へ！

１３０７年10月13日の金曜日、フランス国王フィリップ４世は、テンプル騎士団の財産を手中におさめるべく、彼らの一斉弾圧を開始。この弾圧には、なんと時のローマ教皇クレメンス５世も加担したという。

そしてこの日、フランス国内のテンプル騎士団のメンバー数千人とその同志は一斉に逮捕された（13日の金曜日が不吉である、とするジンクスが生まれたのはこの事件に由来するといわれる）。

この時期、ジャック・ド・モレーを含む高位のテンプル騎士の大半はフランスに滞在していた。

そこにつけこんだフィリップ４世は、約３００カ所におよんだコマンドリー（農場や要塞の施設を備えたテンプル騎士団領）を同日同時刻に急襲させる。実に用意周到な逮捕劇を実行したのである。

そして逮捕した騎士たちに、**十字架の冒瀆《ぼうとく》、バフォメットという名の悪魔崇拝、黒魔術や同性愛など、100にもおよぶ異端行為の罪状を無理やり着せ、異端審問にかけた**のだ。

裁判の決着がつくまでの数年間、捕らわれた団員はフィリップ4世の息がかかった異端審問官による拷問を受け、自白を強要された。体に楔《くさび》を数本打ちこむなどという過酷な拷問の末、36人が獄死している。

1312年、教皇クレメンス5世はフィリップ4世の意を受けて開いた**ヴィエンヌ公会議で、テンプル騎士団の廃絶と財産の没収を決定**したが、これにまぎれてフィリップ4世はテンプル騎士団の会計帳簿類を焼却。自らの莫大な借金をなきものにしたという。

こうして、騎士団の莫大な財産はすべてフランス国家に没収されてしまったのである。

❦テンプル騎士団総長がフランス国王にかけた〝恐るべき呪い〟

1314年3月、ジャック・ド・モレーら騎士団の最高幹部4人に火刑の宣告がなされた。王宮の庭園に面した、セーヌ河にある小島に火刑台が立てられ、刑が執行された。

異端審問での過酷な拷問にも耐えた彼らは火に包まれながら、見守る群衆に対して騎士団の神聖さを主張し神を讃え、自分たちが無罪であることを絶叫し続けた。

そしてモレーは**「1年以内に、教皇とフィリップ4世と宰相のガレ、それとマリニーを神の法廷に呼び出してやるぞ！」**と、断末魔の叫びをあげて息絶えたという。

そしてその後、驚くべき事件が起こる！　この火刑からわずか1カ月後の4月、教皇クレメンス5世が原因不明の病で悶絶死したのだ。

そして――8カ月後の11月には、かのフィリップ4世もまた死去したのである。その死因がまた不可解だった。森で狩猟《しゅりょう》をしていたとき、唐突に白いモヤの中から頭に光輝く十字架をつけた奇妙な鹿が現われた。その直後、体が麻痺し、まるで弾かれたように落馬。その数日後に息を引き取ったのである。

ついで、フィリップ4世の手下となって悪行三昧だった宰相のガレも、悪臭を放つ奇怪なロウソクの傍らで倒れているのを発見され、その翌日に死亡。

さらにフィリップ4世のもとでモレーらにインチキ裁判を行なったマリニー大司祭は汚職が露見し、絞首刑に処せられた。この関係者の連続死を見る限り、モレーの呪いが成就したとしか考えられないのだ。

火刑に処されたテンプル騎士団総長
ジャック・ド・モレー

“フランス王国打倒”の非合法活動組織へ!

ところでモレーは処刑される前夜、腹心の騎士であったラレルメニウスを、後継の騎士団長に指名し、「今

後は地下に潜って、秘密結社としてフランス王国打倒の非合法活動に専念すべし」と託したという。

これを受けて、**テンプル騎士団の残党が、のちに台頭する「フリーメイソン」と同化してフランス革命を起こした**とする説がある。

その結果としてブルボン王朝は崩壊し、1793年、国王ルイ16世と妃のマリー・アントワネットはギロチンによる斬首刑に処せられたのだという。

ギロチンの刃が落下した瞬間、**「ジャック・ド・モレーが復讐を果たした！」**という叫びが、どこからともなく群衆の間から湧き起こったという。

ジャック・ド・モレーの断末魔の呪いは、なんと479年の長きにわたり憑いてまわったのである。

『ダ・ヴィンチ・コード』で発覚した騎士団の〝真の創設目的〟！

世界的な大ヒットを記録した、小説および映画**『ダ・ヴィンチ・コード』**。その作品の中で、秘密結社「テンプル騎士団」にまつわる、表向きの歴史が伝えてこなかった〝謎〟が明かされた。

その謎とは、**騎士団が創設された〝真の目的〟**にある。

それは、テンプル騎士団が、既に廃墟と化していたソロモン神殿の跡地に本部をおいたこと。さらにフランスに戻った騎士団が、突如、大発展を遂げたことと深くリンクしているのだ。

ではその〝真の目的〟とは、いったい何だったのか？

実際、テンプル騎士団には多くの謎がつきまとっている。

まずは、その設立目的にある。巡礼者の保護とエルサレム王国の治安維持を目的とするには、結成当初わずか9人の騎士でその任務を遂行できたとは考えにくい。しかも設立後9年間は、メンバーの増員すらなかった。それどころか、日々、**ソロモン神殿跡地の地下を掘り返すという奇妙な作業をしていた**のである。

これには確固たる証拠がある。

19世紀末〜20世紀初頭に、同地を調査したイギリス陸軍のウォレン中尉が、**立坑《たてこう》とそこに通じる放射状のトンネル網を確認しているばかりか、トンネル内でテンプル騎士団の遺品を多数発見**しているのだ。

騎士団は〝ソロモン神殿跡〟で何を発見したのか？

テンプル騎士団設立の真の目的は、伝えられているような「聖地の守護」ではなかった。

実は、**彼らは、ソロモン神殿跡の地下に隠匿された「宝物」を捜していた**のだ。

そして彼らは〝それ〟を発見した。テンプル騎士団の驚異的な急成長がその証拠だ、とされている。

〝それ〟とは何か？

神殿跡の地下には、金・銀・宝石類などの莫大な財宝以外に、**聖櫃《せいひつ》や聖杯《せいはい》など「聖遺物」**が秘匿されていたという。さらには多くの**「巻物類」**もあったという……。

そこには、『ダ・ヴィンチ・コード』のテーマである**「キリスト教最大の秘密」につながるイエス直筆の文書など、原始キリスト教に関する極秘文書**も含まれていたらしい。

実は、テンプル騎士団が創設されたのと同時期に、いくつかの武装修道会が誕生した。「聖ヨハネ騎士団」や「チュートン騎士団」などが有名だが、テンプル騎士団ほどに勢力を拡大させたものはない。

貴族、信徒からの寄進があったとはいえ、**フランス国王をもしのぐヨーロッパ最大の富と権力を持つ組織へと変貌した秘密は、ソロモン神殿跡からの発掘物にあったと**されている。

フィンランド在住の聖書研究家であり、古代史研究家の知友ケネス・フォン・プフェッテンバッハからの情報によれば、ジャック・ド・モレーはフィリップ4世による奇襲を事前に知り、3台の荷車を藁《わら》でカムフラージュして、スコットランドのロスリンに運びこませた。

その中には、『ダ・ヴィンチ・コード』に登場する**「聖杯」**も含まれていたという。

聖杯とは、最後の晩餐でイエスが使徒と回し飲みをしたときに用いられた盃《さかずき》、もしくは十字架上のイエスから流れる血を受けとめた盃ともいわれ、さまざまな**奇跡を起こす〝フォース＝力〟を秘めた聖遺物のひとつ**である。

伝えられるところでは1307年、スコットランドに逃れたテンプル騎士団の残党は、エディンバラ近郊のミドロシアン州ロスリンに拠点を構えたという。そこは以前、彼らの本部があった地であり、そして**ロスリン礼拝堂**がある。

ここが『ダ・ヴィンチ・コード』の最後の舞台であり、聖杯が隠匿されるという場所であり、物語の秘密が明らかにされる重要な地となっている。

騎士団の残党は〝聖遺物〟を携えてアメリカに渡った!?

ロスリン礼拝堂は1446年に建造されたものだが、そこには世界屈指の中世の彫刻が施されており、「石のタペストリー」とも称されている。

しかも、この多数の彫刻には秘密があった。驚くべきことに、それらは礼拝堂完成の1世紀以上も前に壊滅させられたはずのテンプル騎士団のシンボルが、ふんだんに施されているのだ。

たとえば、天井部分に施されている薔薇や太陽、月や五芒星、豊穣《ほうじょう》の角などは、まさしくテンプル騎士団の象徴である。それだけではない。フリーメイソンの象徴までもが、そこかしこに見られるのだ。

いったいなぜ、〝それら〟がここに?

その理由は、ロスリン礼拝堂を建立したロスリンの領主シンクレア家の最後の当主、ウィリアム・ド・シンクレアにある。実は、彼はスコットランドのフリーメイソンのグランド・マスターを務めた人物だったからだ。

前述したように、テンプル騎士団はフィリップ4世の大弾圧で壊滅したが、一説ではかつてシンクレア家は、テンプル騎士団の創設者のひとりユーグ・ド・パイヤンと婚姻関係を結んでいたという。

このことから、**壊滅したと思われたテンプル騎士団の教義がシンクレア家へと伝わっていた**と考えても、あながち不思議ではないだろう。

そして聖杯がそこに隠匿されていても、である。


その証拠にウィリアムは、礼拝堂の建築に際し、内部の装飾までもを自らが厳しく監督したという。

礼拝堂の南側の扉口にはアロエの彫刻が、窓のアーチには大きなトウモロコシが彫られているが、これも当然ウィリアムの指示によるものだ。現在では珍しくもない植物だが、いずれも**当時のスコットランドにはない、アメリカ大陸産の植物**だ。礼拝堂の建設は1446年、コロンブスによるアメリカ大陸到達（1492年）よりも前のことにもかかわらず、である。

ロスリン礼拝堂——“聖杯”は本当に秘匿されているのか？

記録によると、これらの植物はシンクレア家の初代領主であるヘンリー・シンクレアが、新大陸へ探検隊を派遣した際に持ち帰ったものであり、祖先の英雄的航海を記念してウィリアムが彫刻させたとされている。

実はこの記録を踏まえて、プフェッテンバッハは、「シンクレア家とテンプル騎士団の関係から、**迫害された騎士団を探検隊として、ヘンリーがアメリカに避難させた**可能性が高い。このときに、**聖遺物の一部もアメリカに渡った**のではないか」と述べている。

“螺《ら》旋《せん》柱”だけX線探査が許されなかった理由は……？

こうして公的には壊滅したテンプル騎士団の精神は、ウィリアム・ド・シンクレアによって、ロスリン礼拝堂に刻みこまれ、その後、フリーメイソンへと受け継がれた可能性が大きいのだ。

そして、肝心の聖杯の行方だが、１９６２年、聖杯探究家として知られるトレバー・レーベンクロフトは、約20年にわたる聖杯の探究がロスリン礼拝堂で終わったと宣言。

彼は**「聖杯は、礼拝堂の螺旋柱の中に存在する」**と主張したのだ。

これを踏まえ、実際に金属探知器での調査も実施されたが、同礼拝堂から聖杯は発見されていない。ただし礼拝堂の責任者は、この螺旋柱をX線で調べることだけは許可しなかったという。

テンプル騎士団は『旧約聖書』の「契約の櫃＝アーク」を入手していた!?

さて、テンプル騎士団の〝真の目的〟はソロモン神殿跡の地下に隠匿された宝の発掘にあった、と前述したが、彼らが発見したもののひとつに、**モーセの「契約の櫃＝アーク」**があったとされている。

アークとは『旧約聖書』に記されている、シナイ山上で神からモーセに与えられた**十戒《じっかい》の石板をおさめた櫃**であり、**神が臨在する「座」**でもあった。

だからこそイスラエルの民は、この箱を〝契約の櫃＝アーク〟と呼んで畏敬するのである。

『旧約聖書』の語るアークは、**この世のものとも思えない超絶的な〝魔力＝パワー〟**を随所で発揮する。

エジプトを脱出した後、イスラエルの民はモーセに導かれて放浪を続ける。そして、ついにパレスチナにたどり着く。その地は、神からの〝約束された地〟である。アークを担ぎ、彼らがヨルダン川を渡ろうとしたその瞬間、奇跡が起きた。

「春の刈り入れの時期で、ヨルダン川の水は堤《つつみ》を越えんばかりに満ちていたが、**箱を担ぐ祭司たちの足が水際に浸《ひた》ると、川上から流れてくる水は、はるか遠くのツァレタンの隣町アダムで壁のように立った**」（『旧約聖書』「ヨシュア記」第3章15〜16節）

なんと、川の水が、目に見えないダムにせき止められたというのだ。こうしてイスラエルの民は、全員無事にパレスチナの地に入ることができた。

『旧約聖書』に記されたアークの〝恐るべき魔力〟！

だが、そこには先住の民がいた。当然にして戦闘が起こる。彼らが最初に到達したのは、エリコという町である。このエリコは堅牢な要塞都市で、簡単に攻め落とせる町ではない。また、住民の抵抗も凄まじかった。

しかし、ここでもアークは魔力を発揮する。イスラエルの民を前に、預言者ヨシュアは、7日間エリコの城壁の周りをアークを担いで回れ、と命じた。彼らがその通りにすると、再び奇跡が起こった。

「角笛が鳴り渡ると、民は鬨《とき》の声をあげた。民が角笛の音を聞いて、一斉に鬨の声をあげると、城壁が崩れ落ち、民はそれぞれ、その場から町に突入し、この町を占領した」(『旧約聖書』「ヨシュア記」第6章20節)

アークを担いでエリコの城壁の周りを担いで回っただけで、堅固な城壁が崩れ落ちてしまったのである。**アークのパワーは明らかに超常的なものであった**ことがわかる。“魔力”にもたとえられるべき超エネルギーが宿されていたといえよう。

イスラエルの民は、こうしたアークのパワーのおかげで、ほとんど戦いらしい戦いもせずに、「約束の地」を手に入れている。エリコの町を占領した後も、イスラエルの民はアークの助けを借り、次々に戦いに勝利していく。

ひとたび扱いを誤れば、戦慄の〝殺人マシーン〟に！

しかし、アークの力は、常に人々にプラスに働いていたわけではない。何らかの理由でアークを陣営に配置しておかなかった場合は、なぜか負け戦に終わっている。

逆にいえばアークをうかつに扱ったり、粗末に扱ったりすると命を失いかねない事態に遭遇するということだ。

実際、警戒を怠って命を奪われた者は数しれない。

「アロンの子のナダムとアビフはそれぞれが香炉《こうろ》をとって炭火を入れ、その上に香をたいて主の御前にささげたが、それは、主の命じられたものではない、規定に反した炭火であった。すると、**主の御前から火が出て二人を焼き、彼らは主の御前で死んだ**」（『旧約聖書』「レビ記」第10章1〜2節）

ここまでくると、アークは〝殺人マシーン〟であるといえるだろう。かつてペリシテ人は、アークを盗みだすことに成功した。だが、彼らはその扱い方を知らなかった。

「主の御手はアシュドドの人々の上に重くのしかかり、災害をもたらした。**主はアシュドドとその周辺の人々を打って、はれ物を生じさせられた**」（『旧約聖書』「サムエル記上」第5章6節）

あまりの惨劇に恐怖したペリシテ人は、アークをイスラエル人に返還した。**恐ろしいパワーを秘めた無気味なウルトラ・ボックス――それがアーク**なのである。

このアークのパワーを借りてパレスチナを征服したイスラエルの民は、やがて古代イスラエル王国を樹立した。そしてエルサレムを聖地と定め、そこに神殿を建設した。これが**ソロモン神殿**である。

神殿が建設されたことで、以後、**アークは「神殿の至聖所に安置する」と正式に規定されたた**のである。

「祭司たちは主の契約の箱を定められた場所、至聖所といわれる神殿の内陣に運び入

れ、ケルビムの翼の下に安置した」（『旧約聖書』「列王記上」第8章6節）

納めるべきところに納めたからだろうか。以後、アークに関する記述は『旧約聖書』から姿を消していく。安定と繁栄の時を迎え、イスラエルの民は現世の利益を追求することに忙しくなり、神のことを忘れはじめたのかもしれない。

神殿から〝忽然と〟消え去ったアーク

やがてイスラエル王国は北と南に分裂した。北イスラエル王国はアッシリアに滅ぼされ、あっけなく歴史から姿を消す。アークを継承した南のユダ王国も、紀元前586年、新バビロニア王国に攻撃されて滅びる。このとき、栄華を誇ったソロモン神殿も徹底的に破壊され、イスラエルの民はバビロンへ連れ去られる（バビロン捕囚）。

しかし、それから約50年後、新バビロニア王国の滅亡とともに、エルサレムに帰還したイスラエルの民は、再び神殿（第二神殿）を建設した。

ところが、である。

なぜか、神殿の至聖所に納められていなければならないはずのアークが消えていたのである。

いったい、**“契約の櫃＝アーク”はどこに消えたのか？**

新バビロニア王国の兵の侵入で破壊された神殿とともに、瓦礫《がれき》の一部と化したのか。それとも、新バビロニア王国の兵たちが、自国に運び去ったのだろうか……。

密かに持ち出したとしたなら、既述したように、扱い方を知らない者に起こるはずの惨劇が起こったはずだ。だが、新バビロニアの歴史にそうした事跡《じせき》はない。だとすれば、アークは別の何者かによって持ちだされたことになる。

何者によって、いずこに秘匿されたのか!?

聖書時代からの伝説によれば、**「バビロン捕囚」のはるか以前に、アークはソロモン神殿の地下深くに埋められ隠匿されたの**だという。

そしてヨーロッパに伝わる伝承によると、**アークを回収し、ヨーロッパに持ち帰るべく選ばれたのが、テンプル騎士団設立時の総長ユーグ・ド・パイヤン**だというのだ。

では、アークはどこに持ちこまれたというのか？

それは、フランスである。

テンプル騎士団と縁が深いフランス、その首都パリから約80キロの距離に、シャルトルという都市がある。その地には、荘厳なゴシック建築の**シャルトル大聖堂**が建っている。

その**大聖堂の「秘儀参入者の門」と呼ばれる柱廊《ちゅうろう》に、荷車で運搬されるアークを描いた彫刻がある**のだ。

この彫刻の存在こそ、**ソロモン神殿跡から回収されたアークが、シャルトル大聖堂の地下納骨堂に隠された**ことを示唆するものだという。

そしてまた、テンプル騎士団が建てたとされる北塔の玄関の絵には、**アークが牛車に乗せられてどこかに避難する様子**が描かれている。

その目的地はもちろん定かではないが、この絵はアークが大聖堂から移され、また別の場所へと隠された、ということを暗示しているのではないかといわれている。

「9・11同時多発テロ」と騎士団の〝知られざるリンク〟！

アメリカ、ニューヨーク市のマンハッタンには、かつて世界最大級の巨大オフィスビルがあった。それは7つのビルによって構成されていたが、中でも突出したふたつのビルは**「ツインタワー」**と呼ばれ、完成時には世界一の高さを誇り、ニューヨーク＝アメリカのシンボルになっていた。

言うまでもなく、**WTC――ワールド・トレード・センタービル**のことだ。

このツインタワービルは、まさにアメリカの経済力と政治力を世界に誇示する存在だったと言っていい。だがそれは、**2001年9月11日、同時多発テロのターゲット**とされ、倒壊してしまった。飛行機が突っこむ衝撃的な映像は、全世界の人々を震撼させた。

それはいわば、アメリカという強大な国家のシンボルが崩壊していくに等しいものだった。ところが、あの同時多発テロとＷＴＣの間には、さらに深い闇が横たわっていたのだ。

テロ実行犯たちがＷＴＣを狙ったのには、もっと深い理由があったのである。

なぜニューヨークの地下に〝キリストの聖遺物〟が眠っている!?

話は１１１８年まで遡る。

この年、ソロモン神殿跡であるエルサレムのモリヤの丘で、**テンプル騎士団が地下の隠し部屋から、隠匿されていた秘宝の発掘に成功**。

このとき彼らが手に入れたのは、前述してきた〝契約の櫃＝アーク〟や〝聖杯〟などの「聖遺物」および貴重なユダヤの秘宝だったとされている。

テンプル騎士団は発掘作業後、短期間のうちに富と権力を得て、イスラム勢力に連戦連勝するようになるが、彼らは敵と戦うにあたり「聖遺物」のパワーを利用した。

そのうちのひとつが、**キリストが磔《はりつけ》にされた〝聖十字架の破片〟**である。

プフェッテンバッハ（前出）によれば、この十字架の破片は、襲いかかる敵に対して目に見えない壁を張りめぐらせたり、頭痛やめまいを起こさせたり、幻覚を見せ、痛痒感《つうようかん》を与えて戦意を喪失させたりと、超常的なパワーを発揮したという。

キリストの〝聖十字架〟がある限り、彼らは負け戦の心配などまったく必要なかったのだ。ところがテンプル騎士団は、１１８７年の「ハッティンの戦い」で、この聖十字架を失ってしまう。

すると、テンプル騎士団は同年７月２日には給水を断たれ、イスラムの大軍勢に包囲網を敷かれる。２日間は我慢したものの、７月４日、喉の渇きでパニック状態に陥った結果、逃亡してしまったのである。まさに聖十字架のパワーは絶大だったといったところだが、気になるのはその後の行方だ。

プフェッテンバッハによれば、その**聖十字架の破片はいずこかの時点でテンプル騎士団の元に戻り、彼らの残党によって新大陸アメリカに持ちこまれた**のだという。

ちなみにアメリカの独立が承認されたのは、１７７６年７月２日。そして独立宣言の署名は2日後の「7月4日」になされた。1187年にテンプル騎士団が給水を断たれ、逃亡した日付と同じなのは、決して偶然の一致ではない！

騎士団からメイソン、そしてWTCに受け継がれた〝ある数字〟

というのも、聖十字架を失ったテンプル騎士団は弾圧によって解散を余儀なくされたが、残されたドイツ人団員は「チュートン騎士団」を結成し、スコットランド人団員は地下に潜伏。その彼らが後に、**〝フリーメイソン〟として復活**するからだ。

既述した通り、アメリカは、フリーメイソンによって建国された国家だ。そのアメリカの権勢のシンボルともいうべきWTCもまた、フリーメイソンの伝統を忠実に受け継ぐものだったのである。

事実、WTCの設計者ミノル・ヤマサキは、テンプル騎士団が発掘した古代の叡智である**神聖幾何学の数字「33」**と**「19・5」**をビル建築の主要な部分に用い、さらには、ヨーロッパのゴシック調建築様式に見られる超古代の意匠さえ採り入れていたの

WTCのツインタワービルの下に“眠っていたもの”とは——

だ。ちなみに「33」はフリーメイソン最高峰の地位を表わす数字であり、「19・5度」は三角比コサインの値でもある。

ともあれ、アメリカに持ちこまれた聖十字架が、フリーメイソンのメンバーによって密かに護られてきた可能性は高い。

しかも一説には、**WTCのツインタワービルは、フリーメイソンとアメリカを守護するための聖なる塔であり——その地下には、あの聖十字架が封印されていた、**というのだ！

もちろん、にわかには信じがたい。

だが、この**WTCの建設計画の立案に、あのロックフェラー家が深く関わってい**

たという事実もある。また、そう考えたとき、初めて同時多発テロの隠された「目的」が、はっきりと見えてくることも確かなのだ。

ちなみに、**ソロモン神殿の入口には、「2本のブロンズ柱＝ヤキンとボアズ」が立っていた。**

『旧約聖書』にも「柱を聖所の正面の右と左に一本ずつ立て、右の柱をヤキン、左の柱をボアズと名づけた（『旧約聖書』「歴代誌下」第3章17節）」とある。

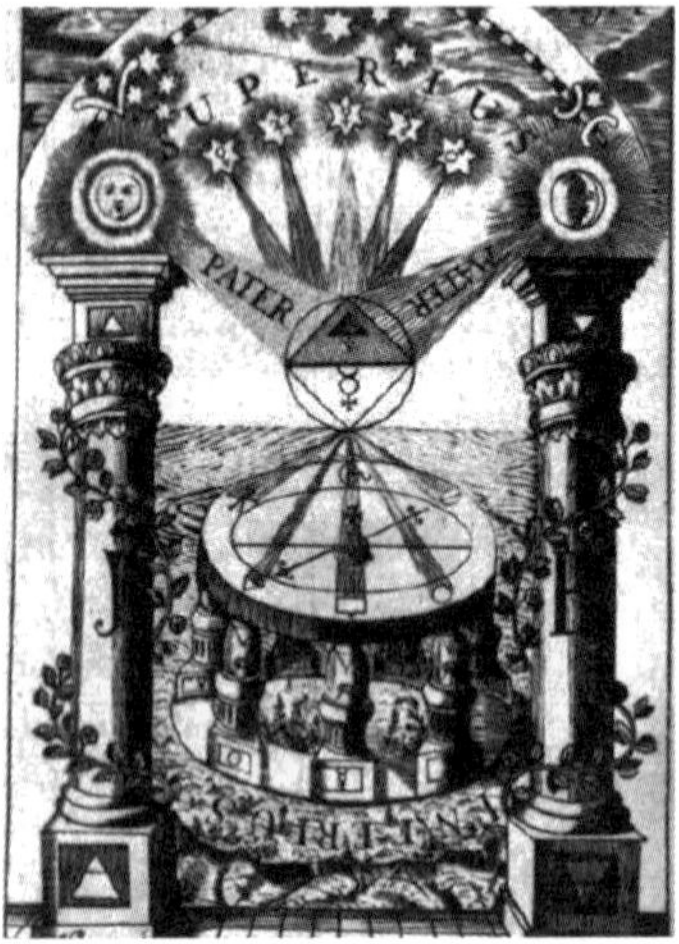

ヤキンとボアズの柱

つまり、**WTCのツインタワービルはまさに、この「ヤキンとボアズ」を象徴していた**のである。

❸ 〝戦いの歴史〟はいまだ終わってはいない！

テンプル騎士団が〝聖地の守護

者〟として激しく戦ったのは、当時のイスラム勢力だった。

そのテンプル騎士団がフリーメイソンを経て、アメリカという国家に姿を変えていたとしたら、敵対勢力がアメリカを標的とするのは、ある意味当然のことだろう。

実際、**アメリカをアラーの敵、つまりテンプル騎士団の国として見る〝闇の組織〟は、依然として存在している**といわれる。

そしてプフェッテンバッハは、この組織こそが同時多発テロ事件を起こした黒幕だとしている。

その根拠として彼は、次のような〝数字の一致〟を挙げる。

テンプル騎士団が設立されたのは西暦1118年。これは「1＋1＋1＋8＝11」となる。さらにテンプル騎士団のオリジナルメンバーは9人。ふたつの数字を組み合わせると「911」になる。

また、1118年から2001年までは883年経過している。つまり「8＋8＋3＝19」。この「19」という数字は、ハイジャック実行犯の総数と一致する！

このように2001年という年も、9月11日という日付も、さらにメンバーの人選も、こうした計算に基づく意図的なものだった、というのである。

〝聖遺物の喪失〟が招くアメリカ終焉のとき

同時多発テロの首謀者の目的は、単にＷＴＣビル——メイソンのシンボル——の破壊だけだったのだろうか。筆者には、とてもそうは思えない。

これほどまでに用意周到かつ緻密な計画なら——**彼らの真の目的は、ビルの地下深くに封印された「聖遺物＝聖十字架」の破壊にあった**のではないか！

建国されてから、わずか二百数十年にすぎないアメリカ合衆国が、現在、グローバルスタンダードをふりかざし、世界を支配しようとしている。考えてみれば、これほどの短期間で、これほど強大な権力を握れたこと自体、ひとつの奇跡である。

それはまさに、**かつてのテンプル騎士団の連戦連勝の姿さえ彷彿**とさせる。

だが、９・11以降のアメリカはどうか？

サブプライム・ローン問題に端を発する株価の大暴落、ブッシュ前政権が推し進めた力の政策への批判、イスラム諸国だけでなく、アメリカのお膝元であるはずの中南米諸国の離反……。

オバマ政権に変わっても、かつての強国アメリカは、今や青息吐息の状態にあると言っていいだろう。もしかするとそれは、アメリカ国家の守り神である「聖十字架」が、あの事件で完全に破壊されてしまったせいではないのか？

少なくとも筆者の目には、そう映って仕方がない。

実は**『旧約聖書』は、〝アメリカの崩壊＝ハルマゲドン〟を予言しているという。**

世界終末の日に「商業の中心地である大きな都」が「瞬時に崩壊するだろう」――と。

もちろん、これは有名な「大いなる謎の都バビロン」についての表記だ。

だが、今現在のアメリカが、その「終末のバビロン」にならないという保証など、どこにもないのである。

4章

世界史の舞台裏で異彩を放つ謎の「秘密結社」

――神秘思想結社、カルト団体からペテン師集団まで！

はるか古代の昔から現代に至るまで——歴史の陰には、
常に「秘密結社」の姿があった。
反キリスト教思想、快楽集団、差別団体、
オカルトの巣窟……
それらの組織は、人類の「裏の側面」をすべて
引き受けていた、といっても過言ではない。
まさにあなたは今、〝もうひとつの世界史〟の
目撃者となる！

中世ヨーロッパを席巻した〝浪漫〟と〝神秘〟！「薔薇十字団」

実態がまったく謎に包まれていたにもかかわらず、中世に多大な影響を与えた秘密結社がある。

薔薇十字団——。その存在を世に知らしめたのは、１６１４年、ドイツで発表された1冊の小冊子、『友愛団の名声』がきっかけだった。

その内容の半分は、クリスチャン・ローゼンクロイツなる貴族の生涯で占められていた。それによると、１３７８年、ドイツの貧しい貴族の家に生まれた彼は、幼い頃に両親と死別し、16歳まで修道院で育てられる。その後、知識を求め、イスラム教圏である東方へと旅に出た。

というのも、当時はヨーロッパよりもイスラム教圏のほうが自然科学や哲学など、先進の知識を得ることができたのだ。彼はさらにエジプトやトルコ、モロッコなどに渡り、アラブの賢者たちとの交流の中で、あらゆる叡智と究極の真理を身につける。

その後ローゼンクロイツは帰国の途に着くのだが、そこで彼は、昔の修道院で出会った仲間など7人の同胞を呼び寄せ、その叡智を伝える。これが、「薔薇十字団」のはじまりだ。

あの哲学者デカルトも〝入団を希望〟していた!?

さらに『友愛団の名声』には、こうつづられていた。

「彼らは諸国で活動の旅を続けている。しかし薔薇十字団は、〝不可視〟の存在である。それゆえ、**凡人・俗人の目ではとらえることはできない**。入団を希望する者は、その旨を公表すれば、ただちに手続きがとられるであろう……」

薔薇十字団は、まさに〝秘密裏〟に活動を行なっていた。病人や怪我人に対する無報酬の治療、慈善活動がその主な内容だったが、**知識を求めた錬金術の研究**も怠らなかった。また**「ローマ教皇の専制を打破せよ」と、バチカンに対してあからさまな宣戦布告**もしている。

薔薇十字団のモチーフ

カトリック教会の腐敗が問題視され、宗教改革が浸透していた時代である。バチカンからはもちろん睨《にら》まれたが、薔薇十字団の理念や姿勢は、当時のインテリ層から絶大な支持を集めた。

当然のことながら、薔薇十字団への入団希望者は続出した。

しかし、**会の本部や受付がどこにあるのか、誰も知らない。また実際の活動に接触した者さえ、ひとりもいない。**

その〝謎のヴェール〟が、かえって当時の知識層の関心を集めるものとなったのだ。

なんとあの**哲学者デカルトまで、入会しようと尽力**していたというほどだ。

「薔薇十字」というシンボルマークもまた、知識層の憧憬《しょうけい》を集めた。

古来から〝秘密の象徴〟とされてきた薔薇は、神秘主義者らが好んで用いてきたモチーフだ。また**赤い薔薇は、錬金術の成就の寓喩《ぐうゆ》**として、しばしば用いられた。

さらに十字は言うまでもなく、キリスト教のシンボルである。赤い十字はテンプル騎士団の紋章や、イングランドの国旗をイメージさせた。

そうこうするうちに1615年に『友愛団の告白』が、1616年には『クリスチャン・ローゼンクロイツの化学の結婚』が発表され、熱狂はピークに達した。薔薇十字団が発行した3冊は『薔薇十字団の宣告書』と総称され、ヨーロッパ各国で部数を重ねた。

しかし、これらの書籍は実は、学生の悪ふざけの産物だったという。

たとえば『クリスチャン・ローゼンクロイツの化学の結婚』は、ドイツの著述家で聖職者のヨハン・ヴァレンティン・アンドレーエが死後に発刊した自伝の中で、「自分がテュービンゲン大学の頃に書いた作品だ」と述懐している。ほかの2冊にしても、アンドレーエの大学の仲間が共同で執筆したものと考えて間違いないという。

しかし、虚構だったと判明した後も、これらの作品に心惹かれ、評価する声は高かった。そのため**〝存在しないのなら、自分たちでつくってしまえばいい〟**と、薔薇十字団を名乗る結社が次から次へと乱立し、中には詐欺まがいの団体まで現われた。

こうした中で、ついにプロイセンの王子がその詐欺にひっかかる事態にまで発展し、結果、官憲の取り締まりが強化。薔薇十字団の火はほとんど消えかかる。

現代にも残る〝薔薇十字団ブーム〟の意外な痕跡

しかし、19世紀に入ると、ヨーロッパ内で再び**〝薔薇十字団ブーム〟**が復活。フランスの薔薇十字カバラ団をはじめ、英国薔薇十字協会（SRIA）、古代神秘薔薇十字教団（AMORC）など、それこそ無数と言っていいほどの結社が誕生した。

その多くは時代とともに消え去ったが、現在でも〝薔薇十字団〟を冠した団体は世界中に存在する。

ところで、**薔薇十字団の痕跡**は、現在も意外な場所で目撃することができる。かの有名な**英国王立協会**がそれだ。

王立協会は、近代的な学会の第1号だとされているが、なんと薔薇十字団が『薔薇十字団の宣言書』で述べた「各国の学者たちが平等な立場で研究の成果を発表し、親睦を深め合う場所をつくるべきだ」という意見を採用し、設立されたのだというのだ。

残念ながら公式的な記録には記載されていないが、この**王立協会の発足に尽力していた人々の多くは、薔薇十字団の賛同者だった**ことがさまざまな文献から窺い知れる。

現在、王立協会の会員に選出されることは、科学者にとって最高の名誉だとされている。それは、薔薇十字団がヨーロッパを席巻した当時、知識層が望んだ栄誉そのものだったのかもしれない。

〝怪僧〟ラスプーチンもメンバーだった！ 帝政ロシアの快楽集団「フリスティ」

帝政ロシア末期にその名を轟《とどろ》かせた**グリゴリー・エフィモヴィチ・ラスプーチン**は、1871年、シベリアの寒村ポクロフスコエ村の農家の次男として生まれた。

若い頃から予知能力やヒーリングパワーを秘めていたことで知られていたラスプーチンは、1891年、20歳になったとき、**空中に出現した聖母マリアを目撃**。その直後から、まるで憑かれたようにエルサレムなどへの巡礼の旅に出た。

2年後に帰郷したラスプーチンは、妻にも見分けがつかないほどの〝怪僧〟へと変貌し、その〝奇跡の力〟をさらにパワーアップさせていた。

1904年、ラスプーチンは難病治療によって信者を増やし、**「神の人」**と称され、人々に崇められるまでになる。そして1905年、ついに**ロシア皇帝ニコライ2世と**

謁見。血友病患者だったアレクセイ皇太子にラスプーチンが祈禱をすると、不思議なことにたちまち発作がおさまり、皇帝夫妻から絶大な信頼を得た。

〝性の魔術師〟がロシア宮廷を堕落させ……

それればかりではない。

彼は実は、18世紀初頭にロシア中に蔓延していた**宗教的秘密結社「フリスティ」の一員**だったのだ。**その実態は、深夜に秘密集会を開き、男女入り乱れての性交を繰り広げる快楽集団**だった。

中でもラスプーチンは、生まれ持った巨根と超絶的な精力で、〝性の魔術師〟と女性たちに崇められていたのである。

そんな〝裏の顔〟を持ったラスプーチンは、皇后をはじめ宮中の貴婦人たちをも次々に虜《とりこ》にしていった。こうして得た皇后の信頼をバックに、宮廷人事にまで口をはさみはじめるようになる。

やがて、その〝陰の支配者〟ぶりに危機感を持った宮廷貴族たちが、彼の暗殺を計

サンクトペテルブルクの博物館に保存される
「ラスプーチンのペニス」

画する。

1916年12月29日、皇帝の親戚ユスポフ公は、従兄弟のドミトリー大公と共謀。ラスプーチンを晩餐に招き、青酸カリ入りの食事とワインで毒殺をはかるも、この怪僧には、なぜか毒の効果が表われない。

平然と食後の祈りを捧げていたラスプーチンだったが、背後から鉄製の燭台で頭部を殴打され、銃弾2発を撃ちこまれたが起き上がり、さらに2発被弾。

倒れたところをメッタ打ちされ、す巻きにされて、凍てつくネヴァ川に放りこまれた。遺体が発見されたのは、その3

日後だった。

ラスプーチンは生前の同年11月、**ニコライ2世に自らの死と帝政の崩壊を予言した書簡**を送っている。その予言通り、彼は暗殺され、1917年のロシア革命でロマノフ王朝は崩壊。ニコライ2世を含む皇族たちは、処刑されている。

ちなみに、暗殺者たちに切り取られた**「ラスプーチンのペニス」**とされる、約33センチの巨大ペニスのアルコール漬けサンプルが、サンクトペテルブルクの博物館「エロチカミュージアム」に保存されている。

〝異端〟としてバチカンから激しい迫害！「グノーシス主義」

紀元前1世紀頃に生まれた**「グノーシス主義」**ほど、古今東西、多くの秘密結社や密儀宗教、オカルティストに影響を与えた思想はないだろう。

「グノーシス」とは、本来ギリシア語で「知識」や「認識」を意味する言葉で、この思想は密儀宗教、ゾロアスター教、ユダヤ教、そしてキリスト教に寄生しながら、ローマ帝国をはじめ、地中海や中近東の文化圏に広がっていった。

グノーシス主義の基本理念は、世界を善と悪、光と闇、霊と肉などに分類する典型的な**「二元論」**だ。その教義の出発点は、「善」の象徴とされる神が創ったこの世に、なぜ「悪」が蔓延《まんえん》するのかという、素朴な疑問からだった。

キリスト教であれば、「人間は生まれながらにして罪を背負った存在だから」といった回答を示すところだろう。しかし、グノーシス主義の学者らが導き出した答えは**「世界を創った創造主こそ〝悪〟なる存在だから」**というもの。

そう――この世は〝悪神〟によって創造されたものであるゆえに、悪に満ちているのは当然であると考えたのだ。

世界は〝悪しき神〟によって支配されている!?

彼らによると太古の時代、精神的世界を統《す》べる善なる至高神と、物質的世界を統べる悪神デミウルゴスが一戦を交えた。そこで勝利をおさめたのは、なんと悪神デミウルゴスだったという。

そして、もともと**人間は精神世界に属する〝聖なる存在〟だったが、このデミウルゴスによって、肉体という牢獄に閉じこめられてしまったのだ**、と彼らは考えた。さらに、人間のようにして人間は、汚れた世界で限りある生を生きることとなった。その苦悩は、悪なる創造主を崇めてしまう矛盾からきているのだという。

そのため、グノーシス主義者らは人間に正しい知識を授ける、**善神から派遣された**

使者「精霊」や「天使」との交流を重要視する。

そして、物質世界はすべて〝悪〟であると考えたため、悪に汚染されているあらゆる物質的なものから距離をおき、精神を純化させ、霊的向上を目指すというものだ。物欲を持つことはもちろん、他者との関わりにおいても精神的な結びつきは認められたが、肉体的な結合については同性・異性を問わず固く禁じられていた。

その一方で、「霊的存在と肉体的存在は別なものだ」とし、「〝悪〟である肉体は何をしても霊的存在に影響を与えることはない、むしろ人間が決めた法や道徳に従うほうが〝悪〟だ」として、乱交にふける、享楽的なグノーシス主義団体もあった。

「イエス・キリストは救世主にあらず」と糾弾！

つまりグノーシス主義は、「自分たちの生きるこの世は堕落しており、既成の宗教が崇める神は〝悪〟だ」と考えたのだ。

それゆえに、既成の宗教に対する攻撃は激しかった。たとえばキリスト教に対しては、**「イエス・キリストは救世主ではない。**キリストが本物の救世主だとしたら、霊的存在であるはずだ。この世に〝肉体〟を持って現われ、〝肉体〟を持って復活するなどあり得ない」と糾弾した。

そのほかにも、「拝蛇派」と呼ばれる団体などは、**アダムとイヴに知恵の実を食べるようにそそのかした蛇を、〝善なる神の使者〟として、崇め、信奉**すらした。

そうした彼らの霊的な世界に対する解釈や、自らの内部に真理を求める姿勢は、〝神〟に対し疑問を抱いていた多くのインテリ層から支持を集めたが、当然**バチカンからは異端視され、激しい迫害にあう**ことになる。

そのため、中世では地下に潜り、細々とした活動を余儀なくされる。それでもグノーシス主義者らはヘルメス学、カバラ、錬金術といった、古代から受け継がれてきた〝善なる神〟の隠された叡智を磨きあげ、後世へと受け継いでいったのである。

19世紀ロンドンの〝オカルトの巣窟〟「黄金の夜明け団」

19世紀末のロンドンには、神秘主義やオカルト的思考が蔓延していた。そしてこの頃、まさにその〝巣窟《そうくつ》〟とも言うべき秘密結社が誕生している。

「黄金の夜明け団（ゴールデン・ドーン）」がそれである。

創設されたのは1888年のロンドン。オカルト研究家で、英国薔薇十字協会に所属していたフリーメイソンのW・W・ウェストコット、S・L・マグレガー・メイザース、W・R・ウッドマンの3人によって結成された。

設立メンバーがメイソンメンバーではあったが、当初、入団資格は特になく、女性にも門戸を開いたオープンな団体だった。そのため、中産階級のオカルト愛好家を中心に、文化人や有名人らもこぞって入団した。

のちにノーベル文学賞を受賞したW・B・イェイツや、女優のフロレンス・ファー、小説家アーサー・マッケン、女魔術師ダイアン・フォーチュンなども、このオカルト的サロンに出入りする団員だったという。

階級の最上位は〝人間には到達できない〟レベル！

さて、「黄金の夜明け団」最大の特徴は、11の位階が規定されている点だった。魔術的な叡智を得るごとに階級が上がっていくというもので、位階は大きく3グループに分けられた。

まず、最下位のグループとなる第1教団（外陣）には新参者、生成者《せいせい》、理論者、実践者、哲人の5位階が設定された。入団儀礼を通過した団員はまず、新参者となり魔術などの知識を磨く。団員のほとんどは、この第1教団に所属していた。

第2教団（内陣）は小熟達者、大熟達者、被免《ひめん》熟達者の3位階である。この段階になると、かなり高度な魔術的技術や知識を有している必要があった。

そして、最上位の第3教団には神殿の頭領、魔術師、至元者《しげんしゃ》の3位階が用意されていた。とはいえ、このクラスは**「人間には到達できない」とされ、属する者はいな**

かったようだ。

"謎の女性"と交信して「指令」を受けとる!?

このように女性の入会を認め、有名人らがメンバーであることを気軽に公表するようなオープンな秘密結社だったが、創設メンバーのひとりであるマグレガー・メイザースは優秀な理論構築家で、占星術、タロット、錬金術、カバラなど、それまでバラバラだったオカルトの体系化に成功する。

このメイザースの理論は「黄金の夜明け団」崩壊後も存続したというから、当時メイザースがいかに持ち上げられ、得意になっていたかは想像に難くない。しかし皮肉なことに、黄金の夜明け団分裂の引き金は、そんなメイザースによって引かれることになるのだ。

黄金の夜明け団は、**創設者たちが「未知の上位者」と呼ぶ存在"パヴァリアのアンナ"という謎の女性と交信し、彼女から指令を得る**ことで動かされていた。この「未知の上位者」と交信できるのは、3人の創始者のうちのウェストコットだけだった。

もちろん〝交信〟はでっちあげで、上位メンバーらの権威づけと、団員を動かすための口実づくりにすぎない。

その事実を知るメイザースは、なんと**「自分もパリでアンナから指令を受けた」**と称し、自らの都合のいいように、黄金の夜明け団を改革しはじめたのだ。さらにメイザースはパリに住居と支部を移し、別のオカルト運動に熱中しはじめた。

この暴挙に、ロンドンの黄金の夜明け団が黙っているわけがない。日に日に強まるメイザースの自己顕示欲と横暴さに、まずウェストコットらから怒りの声があがり、1897年ウェストコットのグループが離脱。メイザースの黄金の夜明け団の専横ぶりはますます強くなり、1900年、ついに対立メンバーらによって除名されることになる。

その後の黄金の夜明け団の活動は混迷を極めた。W・B・イェイツが指導者を継ぐものの、イェイツは**「〝未知の上位者〟などいない」**とし、魔術的要素を排除しようとしたため、内部が分裂。そんなとき、結社の名を騙《かた》った詐欺事件までも起こる。

結局1903年、黄金の夜明け団は名称を「暁《あかつき》の星」に改名。設立からたった15年でその姿を消してしまうこととなった。

それでもメイザースは1900年、パリで新たな魔術結社である「A∴O∴（アルファ・オメガ）」を設立。イェイツも1903年、ロンドンに「聖黄金の夜明け」を立ち上げ、活動を続けた。

ちなみにメイザースの「アルファ・オメガ」には、のちに神秘主義結社「銀の星」を立ち上げ、〝黙示録の獣〟と呼ばれた大魔術師、アレイスター・クロウリーが入団している。消滅はしたものの、こうして黄金の夜明け団の系譜は続いていく……。

名家出身の女性カリスマが興した“神秘思想”結社「神智学協会」

1875年、米ニューヨークに誕生した神秘思想結社**「神智学協会」**も、秘密結社を語る上では、はずせない存在だ。会長はヘンリー・スティール・オルコット大佐。しかし、協会の中核を担ったのは、ウクライナ生まれのヘレナ・ペトロヴナ・ブラヴァツキーだった。

通称**ブラヴァツキー夫人**。——神智学協会は、彼女の存在なくしては成立しない団体である。

ブラヴァツキー夫人が生まれたのは、1831年。ドイツ貴族出身の父と、ロシアの名家出身の母を持ち、何不自由なく育てられた。しかし17歳のとき、なんと22歳も年上のアルメニアの地方都市の副知事、ニキフォル・ブラヴァツキー将軍と結婚する。しかし、その3カ月後には2人は離婚した。

〝霊能力開眼〟のためにチベットで修行！

単身となったブラヴァツキー夫人がまず向かったのは、トルコのイスタンブールだった。この地で東洋思想を学んだ彼女は、その後エジプトのカイロに渡り、**古代エジプトの女神イシス崇拝の徒**となる。

さらに渡米し、ネイティブ・アメリカンと生活をともにし、その秘儀を得る。その後、ヨーロッパ各地や日本などを遍歴しながら自らの超能力を磨き、ついに**チベットで山中にすむ「大師（マホトマ）」から仏教や東洋思想などを習得**し、当地に伝わる通過儀礼まで受けた。

彼女が各地を渡り歩いたのには意味があった。その土地に残る太古の叡智に触れ、共通点を探り、それらを統合しようとしたのだ。その間、およそ25年。そうして1874年、アメリカで先に記したオルコット大佐と出会い、協会を設立する。

協会は西洋と東洋の神秘思想の統合を目指し、「人種・信条・性・身分の差別のない、世界的友愛精神の形成」「宗教・哲学・科学の比較研究の奨励」「自然の未知の法則と、人間の内面に隠された能力を研究」の3点を特に重視し、研究を続けた。

入会資格は特になく、位階制度も存在しなかったが、**全世界に100以上のロッジを持つ神智学協会がオカルト界に持つ影響は多大なものだった。**一時は、あの発明王トーマス・エジソンまでもが会員だったという。

1877年、ブラヴァツキー夫人が宇宙の進化や超古代文明などについて述べた著書『ベールを剝《は》がされたイシス』を発表すると、世界中の注目を集め、神智学協会の信奉者はさらに増えた。

しかし1884年、ある事件が起きた。

〝超能力のトリック〟を、なんと家政婦が暴露！

当時、ブラヴァツキー夫人はインドの本部で自身の超能力を衆人に披露し、知識人や宗教家、ナショナリストからも多大な支持を集めていた。

しかしなんと、**ブラヴァツキー夫人の不在時にE・クローンなる家政婦が、夫人の“超能力と称した手品の種”を暴露した**のだ。

ブラヴァツキー夫人が見せた超能力とは、主にチベットのマホトマからの書簡を虚空から取り出し、披露するというものだったのだが、それは実に簡単なトリックを使って行なわれていた。すぐさまイギリスの調査団体によって検証が行なわれ、家政婦の告発を裏づけた。

当時ブラヴァツキー夫人は、インドのイギリス独立運動を後押ししていた。そのため、超能力がねつ造だと知れ渡ると、宗教団体、政治団体、マスコミは大バッシングを繰り広げた。

インドにいられなくなったブラヴァツキー夫人は拠点をロンドンに

オカルト界に多大な影響を与えたブラヴァツキー夫人

移し、この地でも機関誌『ルシファー』や、著書『シークレット・ドクトリン（秘密の教義）』を出版するなど精力的に活動する。しかし、1891年に逝去。

とはいえ、インドの本部をはじめ、**日本にも支部をおくなど、当時に比べて衰退はしているものの、協会は今も全世界に存在**する。そしてブラヴァツキー夫人の理念を引き継ごうと、団員たちは日夜、真理を求め研究に励んでいるのだ。

"人間は神になれる!"——潜在能力を信じた「人智学協会」

神智学協会から派生するように誕生した**「人智学協会」**は、ブラヴァツキー夫人の思想を再構築し、独自の教義とともに磨きあげた**ルドルフ・シュタイナーの哲学を具現化**したものだ。

もともと、シュタイナーは感受性の強い少年だったようだ。1861年に現在のクロアチアに生まれた彼は、幼少期から心霊体験をはじめとする神秘体験に触れていた。しかし、前半生期は特に神秘思想団体と接触することはなかったという。というのも極めて論理的な彼は、当時はまだ、自分が経験した超感覚的知覚と、これまで学んできた科学的認識を結びつけて考えることができなかったのだ。

そのため、ウィーン工科大学を卒業後は、文芸家として、芸術家として、またゲーテ研究家として名を馳《は》せる。

人は誰しも「五感」どころか〝七感〟を得られる!?

そんな彼だったが、1900年に神智学協会と出会い、認識を一変させる。1902年には神智学協会に参加。ブラヴァツキー夫人の神秘思想に賛同し、精力的に活動する。しかし、1907年に会長のオルコット大佐が逝去し、アニー・ベサントが代表に就任すると風向きが変わる。

彼女は**14歳のインド人少年、クリシュナムルティを〝世界の救世主となるべき存在〟だと自分の養子**にし、彼を〝キリストの再来〟と仰ぐ教団「東方の星」を設立してしまう。

会の方針に疑問を抱いたシュタイナーは、ドイツ支部長にまでのぼりつめながら、1912年に神智学協会を脱退してしまう。そうして彼は、独自の理論を教授する人智学協会を打ち立てるに至るのだ。

「人は皆、自身の中に神の領域まで高められる潜在能力を持っている」、また**「物質を超えたところに、霊的世界がある」**とシュタイナーは語る。

たとえば人間は視覚、聴覚、触覚、味覚、嗅覚の〝五感〟を使って物事を捉えるが、**神の領域・霊体になると、そこに「脳覚」「心覚」の2つの感覚が加わった〝七感〟で見ることができるようになる**という。

この七感で見て初めて、事物の本質を把握できるとシュタイナーは信じた。

なぜシュタイナーは〝幼児教育〟に力を注いだか？

そのため、彼は幼児教育に特に力を入れた。これが**「シュタイナー教育」**だ。シュタイナーは学校を数多く設立。人間の成長を7年おきに大別し、その年代に適した教育を実践した。ちなみに現在、シュタイナーの理論を施す学校やフリースクールは、全世界に1000校以上もあるという。

また、神智学協会にいた頃からシュタイナーは、建築、彫刻、塑像、絵画、音楽、演劇と、あらゆる芸術分野で活動していた。この才能を生かし、スイスのドルナッハに、彼の世界観の集大成ともいえる建物**〝ゲーテアヌム〟**を1920年に開館する。そこには、自身が制作した彫刻や絵画が展示された。

さらに、精力的に執筆活動を行なうほか、**〝霊的世界を感じるための修行方法〟をヨーロッパ各地で講演**して回った。また、農業においてもいち早く農薬の害を説き、有機農法を推奨している。

人類の未来のすべてを記録する「アカシック・レコード」とは？

シュタイナーを語る上で忘れてはならないのは、「アカシック・レコード」の存在だ。

アカシック・レコードとは、宇宙の彼方に存在するとされる、**過去から未来までの宇宙の叡智のすべてが記録されている、一種のホストコンピュータ**だ。

アカシック・レコードについて最初に言及したのはブラヴァツキー夫人だったが、

シュタイナーは存在を確認するばかりか、アクセスすることにも成功した。

彼はこの**霊視によって、地球と人類の未来をも見通す**ことができた。それによって、人類進化の霊的プログラムを完成させるための手段と方法論を確立したのだという。

そんな数々のオカルト的エピソードを持ちながら、現在も多くの人々からシュタイナーの思想が受け入れられているのは、彼の理論に論理性があったことにほかならないだろう。

それは、今もなお人智学協会を通して世界中に信奉者を持ち、シュタイナーの教えが実践されていることを見ても明らかだ。

〝人類史上最悪の独裁者〟ヒトラーを生んだカルト集団「トゥーレ協会」

ナチスを生み出したことで知られるカルト的秘密結社**「トゥーレ協会」**。設立は、第1次世界大戦終結直前の1918年。敗戦の色が濃厚となり、国中に厭世的な空気が漂っていたドイツにとって、協会は一筋の光のような存在だった。

そんなトゥーレ協会を語る上で避けて通れないのが、**「ゲルマン騎士団」**という名のもうひとつの秘密結社の存在だ。

というのもトゥーレ協会は、ゲルマン騎士団のバヴァリア支部に所属するルドルフ・フォン・ゼボッテンドルフによってつくられた秘密結社だからだ。では、ゲルマン騎士団とはどのような団体だったのだろうか。

過激な〝選民思想〟をドイツ中に流布！

ゲルマン騎士団は、表向きはゲルマン民族（＝アーリア人）の古代史研究を掲げていたが、その実はアーリア人種の優越論を唱え**「神に選ばれたアーリア人こそ世界を統治すべき人種だ」**という思想に基づいた活動を行なっていた。

そのため、ユダヤ人や黒人を徹底的に敵視していた。

入会の絶対条件は**「純粋なアーリア人であること」**。入会希望者は頭髪、眼、皮膚の色をチェックされ、さらに両親、祖父母、配偶者についてもアーリア人であることを証明する必要があった。

ちなみに、この頃には既に**ナチス・ドイツで有名なハーケンクロイツ（かぎ十字）をシンボルにし、オカルト的な儀式も行なっていた**ようである。

しかし、当然ながら左翼的な団体からは敵視され、また内部で分裂も起こり、一時は存亡の危機を迎えていた。そこで先のルドルフによって「トゥーレ協会」と名を変え、さらに過激化していく。

❸若きアドルフ・ヒトラーを入会させた〝大いなる誤算〟

トゥーレ協会の戦略の中心は、機関誌や新聞によるプロパガンダだった。複数の機関誌を発行すると同時に、後にナチスの機関誌となる『ミュンヘン・ベオバハター・ウント・シュポルトブラット』紙を買収。1919年には内部に**「ドイツ労働者党」**を結成した。そして、結成から8カ月後——軍の任務により**若き日のアドルフ・ヒトラーが訪れる**のだ。

彼の天才的な弁舌の才能を見こんだトゥーレ協会出身の党員たちは、その入党を歓迎した。そして、**思想はもちろん、古代秘儀の知識、ゲルマン民族の優越性、反ユダヤ思想、さらには帝王学まで、ヒトラーに徹底的に叩きこんだ。**

それだけでなく、金銭的、人的な援助も惜しまなかった。トゥーレ協会がナチスを生み、育てたといわれるのはそのためだ。

しかし、両者の蜜月はあっという間に過ぎ去った。もともと秘密裏の活動を望むトゥーレ協会は、ヒトラーが主導権を握るようになったドイツ労働者党のあまりにも

トゥーレ協会も予期していなかったヒトラーの“暴挙”！

急進的な拡大ぶりに戸惑う。一方、ヒトラーは秘密結社色の濃いトゥーレ協会が自分のバックにいることを疎ましく思いはじめていた。

ヒトラーが入党して2年、ドイツ労働者党は**「国家社会主義ドイツ労働者党（ナチス）」**と名前を改め、トゥーレ協会を脱退する。そればかりではなく、ヒトラーはトゥーレ協会に解散を命じるという暴挙に出るのだ。

これは、やがて独裁者となるヒトラーを抑制する存在の消滅も意味していた。そして、ナチス・ヒトラーは第2次世界大戦に向けて暴走していく……。

不気味すぎる白装束！〝白人至上主義者〟が集う「ＫＫＫ」

１８６５年12月、アメリカ・テネシー州南部の田舎町、プラスキーで６人の白人男性が奇妙な社交クラブを設立した。

クー・クラックス・クラン（ＫＫＫ）——。映画『風と共に去りぬ』や『マルコムＸ』などで、そのおどろおどろしい姿を見た人も多いのではないだろうか。目の部分だけをくり抜いた、頭をすっぽりと覆い尽くす尖った真っ白なフードをかぶり、白装束姿で燃えさかる十字架を囲み、黒人排斥を声高々と訴える……。

そんな不気味なイメージのあるクー・クラックス・クランだが、設立当初は、白人至上主義を唱えた一種のお遊び的クラブだった。

１８６５年、北軍の勝利によって終結した南北戦争の後、黒人奴隷の解放がなされたが、南部には白人の優位性を取り戻そうとする気運が高まっていた。

メンバーの6人も黒人奴隷時代を懐古し、あえて夜更けに白い服装で歩き、**迷信深いアフリカ系の人々が「南部の戦死者の亡霊だ」と騒ぎたてる姿を見ては面白がっていたようだ。**

しかし、その悪ふざけが徐々にエスカレート。服装は白装束に白頭巾姿に変貌し、馬に乗り、松明《たいまつ》を掲げて街道を走り回るようになる。

〝悪ふざけ〟が本気の〝黒人排斥団体〟へ……

そうこうするうちに、評判を聞きつけた白人優越主義者たちが会に集まりはじめた。クー・クラックス・クランへの入会希望者はふくれあがり、1867年にはテネシー州の州都ナッシュヴィルで初の全国大会も開かれた。

そこで旧南軍の退役軍人、ネイサン・フォレスト将軍が最高指導者に選ばれる。彼自身、元々奴隷商人だったこともあり、奴隷解放や黒人の公民権の獲得には、極めて否定的な立場をとっていた。

敗戦したからといって、政府の措置を簡単には飲めない。とはいえ、以前のようにアフリカ系の人々を奴隷として扱うことは禁じられている。やり場のないいらだちは、黒人はもちろん、彼らを擁護する白人に対する暴行へと発展。暴力はエスカレートし、ついには殺人事件まで引き起こす。

当時の団員数は約55万人。大きくなりすぎたKKKは、フォレスト将軍ら幹部でさえも手に負えない存在になっていた。そこでフォレスト将軍は、「黒人の投票権の剝奪」という連邦政府からの妥協案を受け、KKKの解散を宣言する。

このようにして、第1次クー・クラックス・クランは幕を閉じることになる。しかし、1891年、凶悪さを増して復活するのだ。

白人牧師の元に下された〝とんでもないお告げ〟！

第2次クー・クラックス・クランのはじまりは、アトランタに住む弱冠20歳の白人牧師ビル・シモンズが**「神からKKK再建の〝お告げ〟を受けた」**と述べたことがきっかけだった。

入会の儀式で、鉄の十字架に火をかけるKKK

そのお告げとは、**「有色人種を排斥した、白人至上主義の理想の社会をつくれ」**というもので、南部の白人を中心に支持を集め、活動はさらに過激に、陰湿に変貌する。

彼らは黒人はもちろん、ユダヤ人・東洋人・移民などあらゆる外国勢力を排斥し、同性愛者・共産主義者・無政府主義者・進化論者・カトリック教会さえ敵と見なすと宣言した。

“生け贄”を求めた残虐行為にアメリカ全土が震撼！

第1次世界大戦後のアメリカは社会全体が不穏な空気に覆われており、人々は

〝生け贄〟を求めていた。参加者数は瞬く間に増え、最盛期には700万人にも会員が膨れあがり、創設からの総収入は800万ドルにものぼったという。KKKは、この膨大な資金力と発言力でアメリカ議会そのものまで支配した。

そうした政治的な後ろ盾もあったからだろう。KKKメンバーによる暴行事件や放火、殺人は日常茶飯事に。迫害対象者を木に吊るして焼いたり、手足を切断したり、縛ったまま電車に轢《ひ》かせるなど、残虐行為の限りをつくし、アメリカ全土を恐怖のどん底に陥れたのである。


しかし彼らの暴挙には当然、法的な裁きが下された。KKKメンバーと親しくしていた議員も汚職の咎《とが》で失脚。こうして第2次KKKも終焉を迎えるのだが……。

1940年ごろから、再びKKKを標榜《ひょうぼう》する団体が出現しはじめる。これが現在も続いている第3次KKKだ。

一説によると主なグループだけで150あり、構成員数は数千人を数えるという。もちろん彼らは、以前のような暴力行為を否定している。しかし、「白人至上主義」という過激な思想や白装束という象徴は、今なお生き続けているのである。

父&息子ブッシュも出身！名門子弟が集うイェール大学「スカル&ボーンズ」

アメリカの大学には、〝名門家系の子弟〟が選ばれて入会する秘密結社的な組織がいくつか存在する。

プリンストン大学の「アイヴィー・クラブ」や「コテージ・クラブ」、ハーバード大学の「ポーセリン・クラブ」「フライ・クラブ」などが有名だが、世界的に知られているのは、何といってても**イェール大学の「スカル&ボーンズ」**だろう。

スカル&ボーンズの名を一躍有名にしたのは、２００４年のアメリカ大統領選挙だ。そのときなんと、**共和党のジョージ・W・ブッシュと対立候補の民主党のジョン・ケリー、両者ともにスカル&ボーンズに所属していた**ことが判明。

さらに、ジョージ・W・ブッシュの父で、元大統領のジョージ・H・W・ブッシュや、祖父のプレスコット・ブッシュもこの結社に所属していたことがわかったのだ。

さらには、CIA長官やペンタゴン、国務省などアメリカの政財界の中枢にも多数のOBが存在することが大々的に報じられ、アメリカだけでなく、世界各地で多くの陰謀論を生み出した。

名門の子息たちに課される〝衝撃の通過儀礼〟！

それは、スカル&ボーンズの特異な性質に起因している。というのも、スカル&ボーンズに入会できるのは20〜30程度の限られた名門の家柄で、かつ指導者としての素質が認められた15名だけ。それも会員の指名によってのみ許された。

会員になれるのは4年生からで、指名された学生が入会の意志を示すと、入会の儀式に入る。内容は定かではないが**「裸になって泥の中でレスリングをする」「棺桶の中に裸で横たわり自慰行為をする」「自分の初体験や隠し持っている秘密を暴露する」**などといわれている。

ともかく互いが連帯感を持つような〝通過儀礼〟を受けて初めて、新会員はナイト

祖父の代からスカル＆ボーンズに所属していたブッシュ前大統領

（騎士）を名乗ることができた。

さらに、**ナイトとして認められると、それぞれに1万5000ドルが現金で支給される**という。さすが、名門イェール大学のエリート中のエリートというわけだ。

さて、このスカル＆ボーンズが創設されたのは1832年。ドイツ留学からアメリカに帰国したウィリアム・ハンティントン・ラッセル将軍とアルフォンソ・タフトにより、結成されたという。

スカル＆ボーンズのシンボルマークは、人間の頭蓋骨と、クロスする大腿骨《だいたいこつ》を組み合わせた下部に322という数字が書かれている。この数字は**「322番目のドイツ系秘密結社」**であるためだといわれている。

ちなみにタフトは後の陸軍長官で、息子のウィリアム・ハワード・タフトは陸軍長官からアメリカ大統領に就任している。また、ラッセルの一族は、奴隷貿易や中国へのアヘンの輸出で財をなしていた。フランクリン・ルーズベルト元大統領の祖父が、この会社の幹部だった事実も興味深い。

ところで陰謀史観の研究者によれば、**スカル&ボーンズはドイツの「トゥーレ協会」のアメリカ支部だった**ともいわれている。トゥーレ協会といえば、あのナチスの母体となった秘密結社だ。そのため当時から「スカル&ボーンズはナチスと深い関わりがある」「世界を裏で動かしている」といった陰謀論が存在していた。

「同志愛」を通わせ合う〝秘密の合言葉〟

話を先に進めよう。名門の〝選抜組〟ということもあり、彼らの人脈は実に華麗だ。当然のことながら彼らは、社会に出ればスタートからそれなりのポジションにつくことになる。そして、それぞれの組織の中で着実に発言力を手にした後は、後輩たちを重要なポストへと積極的に引き上げる。

一説には、彼らには**〝秘密の合言葉〟**があるという。それを口にするだけで、入会年次を超えて一瞬で打ち解け合うのだそうだ。

こうして才能あふれる名家の子弟たちの和が、アメリカ国内の中枢に広まれば、国際情勢に大きな影響を与えるのも当然だ。２００４年の大統領選の両候補を見てもわかるように、19世紀から現在に至るまで、アメリカ合衆国という世界的国家を仕切ってきたのはスカル＆ボーンズだといっても過言ではない。

これまでの所属会員は約３０００名。存命するだけでも約８００名いるという。

彼らの秘密主義は徹底していて、それを**「国家機密より重要だった」**と述懐するメンバーもいるほどだ。

キャンパス内にある活動拠点の「ザ・トゥーム（墓陵）」には窓がなく、外部の者は完全にシャットアウトされていたという。そのため、他の学生には活動内容はもちろん、誰がメンバーかもわからないほどだったという……。

コラム

不老不死の「サン・ジェルマン伯爵」にまつわる〝秘密結社のスパイ〟疑惑！

サン・ジェルマン伯爵は、18世紀のパリ、ヴェルサイユの社交界で異彩を放っていた実在の人物だ。生没年不詳でポルトガル系ユダヤ人ともいわれる。

彼が尋常でなかったのは、自らが〝不老不死〟の身であると話し、実際に**「まったく年をとらない」「死ぬことのできない人物」「人生で何度か対面したが、数十年ぶりに会ったときも、以前と同じ年齢に見えた」**といった、数々の証言が残されていることだ。

初めて記録に登場するのは1710年。フランスの作曲家ジャン・フィリップ・ラモーが、「サン・ジェルマン伯爵は不思議な人物で、年齢は50歳くらいに見えた。恐ろしく話題が豊富で、話に引きこまれて、**時間を超越した世界に**

生きているような気がしてくる……」と日記に記している。

その後、サン・ジェルマン伯爵はヨーロッパ各地に出現。パリの社交界で時の国王や政界の人間とも多く会い、1748年にフランス国王ルイ15世の前に現われたときには、1万カラットもあるダイヤを贈っている。

サン・ジェルマン伯爵は、晩餐会に招かれても、食事もせず酒も飲まなかったが、問われると**「特殊な秘薬を飲んでいるので何も食べる必要がない」**と答えたという。

✳本物か？　伝説か？　それとも〝稀代のペテン師〟か？

伯爵の年齢は300歳とも2000歳ともいわれ、自身も『旧約聖書』に登場するシバの女王や『新約聖書』に登場するイエス・キリスト、さらにはアレクサンダー大王やイスラエル王国のソロモン王にも会ったと話して、周囲を驚かせた。

そんなサン・ジェルマン伯爵がペテン師扱いされなかったのは、彼に卓越した知識と教養があったためだ。語学は万能で、ロシア、ドイツ、ポルトガル、スペインなどのヨーロッパ諸国語を巧みに操り、ヘブライ語、中国語、ペルシア語、アラビア語、サンスクリット語にも堪能だった。

また音楽の才や画才もあり、ヴェニスで織物工場も経営。

時間を超越した世界に生きていた!?
サン・ジェルマン伯爵

まだ18世紀には知られていなかった汽車や飛行機についても詳しく語ったという。

１７７４年には、ルイ15世死去後のフランスに現われ、ルイ16世と王妃マリー・アントワネットに謁見。ふたりの死を予言してドイツへ移った。

この予言が的中したことは歴

史が示す通りだ。

公式な記録では１７８４年2月27日にドイツのヘッセンカッセルで死亡したことになっているが、奇妙なことに１７８５年以降も、ヨーロッパ各地での目撃が報告されている。

たとえば、かの英雄ナポレオンがエジプト遠征前とエルバ島に追放される前に二度、彼に忠告と助言を受けたらしい。

さらに**第2次世界大戦の際には、イギリスのチャーチル首相が対ナチス・ドイツ戦のアドバイスを受けた**ともいわれる。

✴密かに囁かれる〝秘密結社との数々の接点〟

こうした数々の伝説を持つサン・ジェルマン伯爵は、ドイツのエッケルフェルデのヴィルヘルムスパットで開かれたフリーメイソンの集会に出席したという記録があり、その正体は、いくつかの秘密結社に属したスパイだったとの説もある。

一説には、**薔薇十字団の創設者クリスチャン・ローゼンクロイツだったのではないか**、とまでいわれている。

彼は本当に「不老不死の超人」だったのか？　世界の歴史上、最も謎に包まれた人物のひとりである。

5章

あの秘密結社にまつわる衝撃の「都市伝説」！

——あなたのすぐ側で〝それ〟は起きている！

本章では、秘密結社にまつわる
〝都市伝説〟の数々をご覧に入れよう。
「荒唐無稽だ」と一笑にふすのもよいだろう。
しかし、本章で紹介するのはすべて
〝確固たる証拠〟に基づくものだ。
そして「それ」は、あなたの〝すぐ側〟で起こっている！

上から見ると〝ダビデの星〟が！東京スカイツリーの真実

シンボリックな建物には、とかく陰謀論がついて回る。**東京スカイツリー**もその例に漏れない。

スカイツリーはオープン当初から、秘密結社とのさまざまな結びつきが指摘されてきた。たとえば、その高さ。公式では〝武蔵の国〟にあやかって634メートルとされているが、**基礎の部分を合わせると全長666メートルになる**と囁かれている。666――イルミナティが崇拝する〝悪魔の数字〟だ。

また、スカイツリーのエレベーターの数が、フリーメイソンたちが好む〝13基〟だという点も興味深い。

スカイツリーのマスコット「ソラカラちゃん」にも疑惑の目が向けられている。というのも、**ソラカラちゃんの髪型は正面から見ると星のようだが、後ろから見ると六**

芒星だ。そして六芒星は、スカイツリーの土台を上空から見たときにも出現する。

スカイツリーによって出現した〝東京の六芒星〟！

六芒星――つまり**〝ダビデの星〟**はフリーメイソン、そしてイルミナティたちが好んで使う記号だが、どのような意味がこめられているのだろうか。

まず、六芒星の2つの三角形は、「男根と女陰」のシンボルで、火と水、また物質と精神など二重性の意味を持つ。つまり、彼らが信奉するグノーシス主義者らが古くから用いてきた〝二元論〟の表象だ。このシンボルは、変化やバランスを表わすともいわれている。

スカイツリーは完成以前から、**「東京都心の地図上に、六芒星を誕生させる」**と、陰謀論者の間で有名だった。

まず逆正三角形▽をつくり出すのは、池袋のサンシャイン60、芝公園の東京タワー、そして東京スカイツリーだ。いずれも時代を象徴する高層建造物で、それぞれの頂点

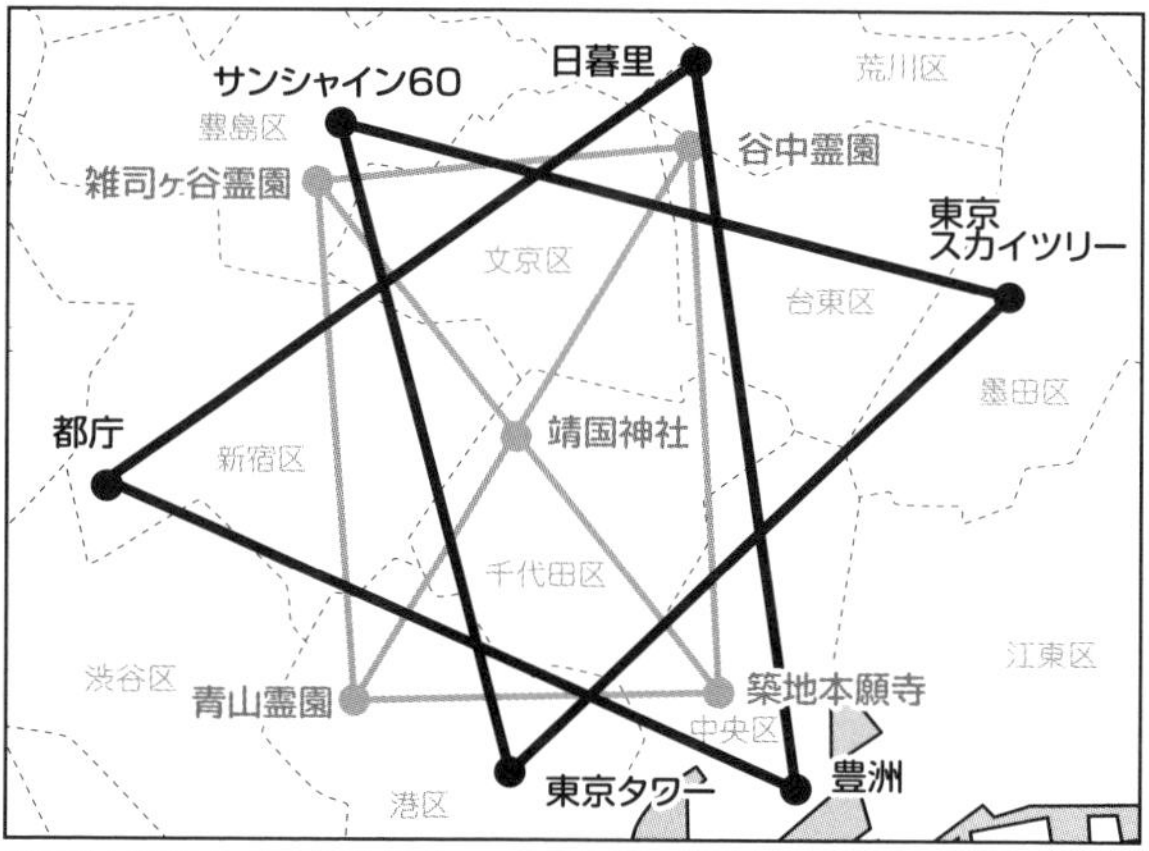

東京に出現した「六芒星」

を結ぶと確かに逆正三角形になる。そして正三角形△をつくるのが、新宿の都庁、豊洲、日暮里だ。

なぜ、豊洲や日暮里がクローズアップされるのか。

現在、豊洲は都内でも特に大規模な都市開発がされてきた上に、築地市場の移転予定場所でもある。また、誘致活動を行なっている東京オリンピックスタジアムの建設予定地だ。

日暮里は、2008年に日暮里・舎人《とねり》ライナーが誕生。2010年には成田スカイアクセスが開業し、新たな再開発地として東京都が最も力を入れているエリアだ。

つまり――いずれも今後、多くの人が流入してくる地域なのだ。

徳川家康と明治政府が東京に張りめぐらせた〝結界〟とは？

もともと、江戸は風水において、あまりよい土地ではなかった。それを徳川家康が知り、天海僧正《てんかいそうじょう》という人物の手を借りて結界を張りめぐらせ、高度な風水都市を築き上げた。徳川の世が250年以上も続いたのも、この都市の基盤があってこそだった。

しかし、明治維新の際、結界が再度結び直されたのだという。

明治期に改めて整備された雑司ヶ谷霊園、谷中霊園、築地本願寺、青山霊園、それぞれを地図でマッピングし、点で結んでいってほしい。きれいな長方形ができる。そして、この長方形に対角線を引いてみる。すると、中央にちょうど靖国神社がくる。このように東京の大霊園を結ぶと、**空からピラミッドを見下ろしたかのような形**が出現する。

この形こそが、明治政府が新たに結んだ結界だった。ピラミッドといえば、フリーメイソンのシンボルマークだ。ここに、富士山からのよい気・龍脈《りゅうみゃく》も流れこむ……。

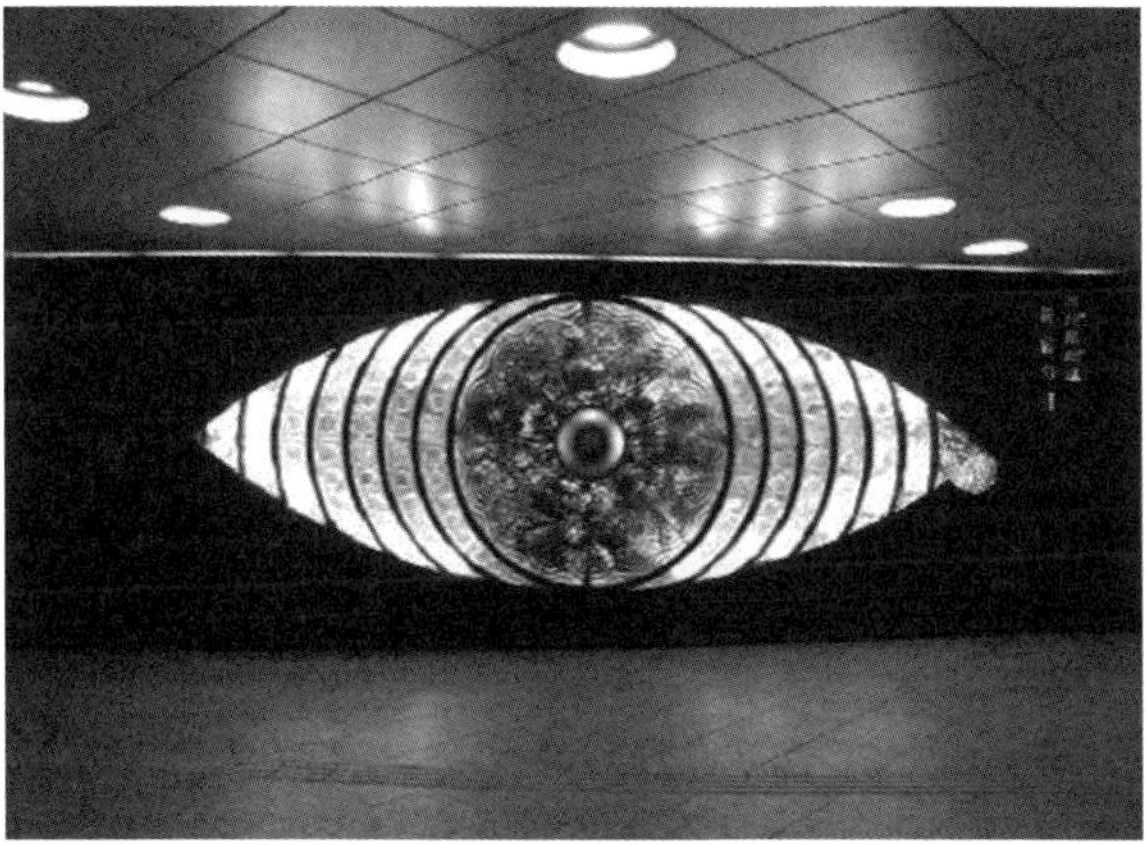

「万物を見通す目」にしか見えない「新宿の目」

この結界が吉と出たのか凶と出たのかはわからない。とにかく表向き、日本は激変の中、繁栄の道を歩むことができた。

しかし、この龍脈は1991年の〝新宿の新都庁の建立〟で断ち切られたといわれている。

さらに、新宿西口新宿スバルビルのちょうど真下にある**「新宿の目」が、メイソンとイルミナティのシンボル、〝万物を見通す目〟にしか見えない**のも興味深い。

これらは、日本の首都である東京を転覆させようとした、イルミナティによる仕業としか考えられない。

そして、今回の六芒星の出現である。

スカイツリーは悠仁親王をお守りする結界をつくった!?

では今後、日本は、東京はどうなっていくのだろうか。

諸説あるが、まずスカイツリーについては、**イルミナティの策略に気づいた日本国内の反イルミナティ勢力の暗躍によって、災いの種が消されたのではないか**と読んでいる。

先に、スカイツリーは基礎の高さも含めて666メートルと書いたが、確かに当初はそのような目算もあったようだ。しかし、何者かが直前になって**「耐震のために、もう少し低くしておくべきだ」**と異論を唱え、それが回避されたともいわれている。

333メートルの東京タワーが電波塔だった時代、日本はアメリカ、そしてイルミナティに支配されていたといっても過言ではない。その系譜を、スカイツリーでは断ち切ることに成功したのである。

さらに、スカイツリーは茨城県鹿嶋市にある鹿島神宮から明治神宮、そして富士山までを結ぶ一直線上にある。

鹿島神宮の宝物である剣は、**『古事記』に登場する日本初代天皇・神武《じんむ》天皇が日本建国を果たした際に力を発揮した霊剣**と伝えられ、〝**一振りすればたちまち国中が平穏になる**〟のだという。その剣の力が、スカイツリーへと運ばれ、関東に拡散するとしたら……。

それを裏づけるように、スカイツリーの地デジ化のマスコットが、〝神の使い〟として鹿島神宮で崇められている鹿になっていたことも興味深い。

おまけにスカイツリーが位置するのは皇居の鬼門。さらに、スカイツリーのモデルになったのは高野槇《こうやまき》だという。高野槇はいうまでもなく、皇位継承順位3位でいらっしゃる秋篠《あきしののみや》宮家の悠仁《ひさひと》親王殿下の御印《おしるし》だ。

つまり——**スカイツリーは悠仁親王をお守りする結界を機能させた**のだ。

国内の反イルミナティたちは、このような新たな結界を張るべく、イルミナティたちのシンボルである〝六芒星〟をうまく利用したのだといえるだろう。

現に、スカイツリーが完成して以降「日本の膿《うみ》」が次々に明るみに出てきている。

フリーメイソンのルーツは〝地球外〟にあった!?

１８６６年に描かれた**初代アメリカ合衆国大統領ジョージ・ワシントンの石版画**には、驚くべきものがシンボライズされて描かれている。

左側に描かれた光り輝く物体が、〝それ〟だ。一説には、これは**ＵＦＯ**を描いたのではないか、といわれているのだ。この物体からは梯子《はしご》がのびており、天使の降臨の様子を表わしているとされているが、見ようによっては着陸したＵＦＯから〝天使＝神の使い〟が地上に降り立った様を物語っているかのようだ。

さらに、ワシントンが着用していたフリーメイソンのエプロンにも、ＵＦＯらしきドーム形の空飛ぶ円盤が描かれているのだ。こうした図柄が描かれた意図を考えたとき、**フリーメイソンのルーツが地球外にある**と思い至らずにはいられないのである。

メイソンのルーツが地球外!?　だとすれば、それはどこなのか？

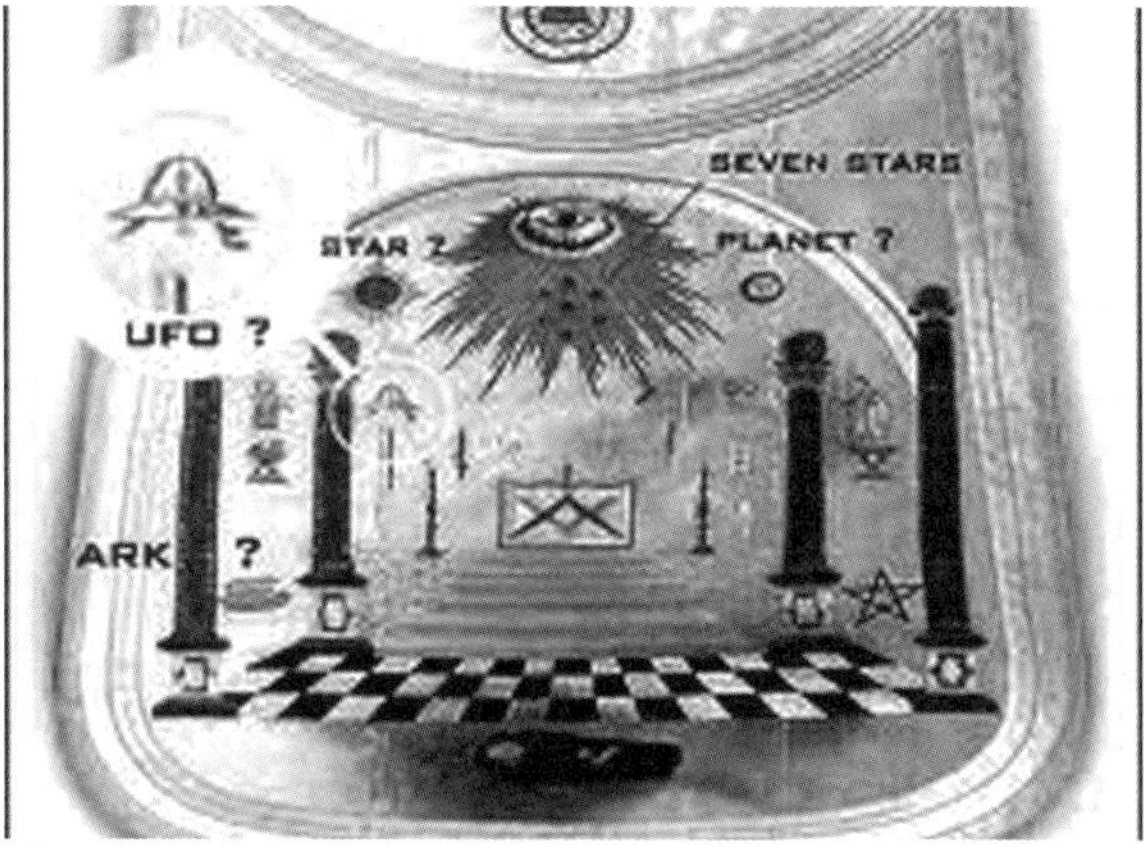

ジョージ・ワシントンが着用していたフリーメイソンのエプロン。
画面左上にUFOが！

フリーメイソンと古代エジプトの〝意外なリンク〟

２００１年１月、エジプト、ナイル河の西岸にある「王家の谷」を撮影したGoogle Earth の画像に、驚くべきものが写りこんでいた。

衛星から撮影した鳥瞰《ちょうかん》図で、王家の谷は巨大なくぼみとして写し出されている。これ自体は不思議なことではない。

問題はその形状にあった。それは、あの**「ウジャトの目」**の原型としか考えられないものだったからだ。

「ウジャトの目」――。別名「ホルスの目」「ラーの目」とも呼ばれる、古代エ

フリーメイソンのルーツともいわれる
古代エジプトの「ウジャトの目」

ジプトの代表的なシンボルのひとつである。

同時に、フリーメイソンの「万物を見通す目」との類似が指摘されている。実は、古代エジプトとフリーメイソンは、この「ウジャトの目」からも推測できるように、深くリンクしているという説があるのだ。

というのは、フリーメイソンのルーツをさぐっていくと、エジプトの〝聖牛神セラピス〟を崇める秘密結社「セラピス教団」の存在にいきつくともいわれている。

この教団の起源は紀元前3000年頃

とも、万単位のはるか超古代とも推定され、その彼らがピラミッド建設に関わったとされているのだ。

だとすれば、既述した王家の谷で発見された「ウジャトの目」の地形は、祖先ともいうべき彼らが谷に刻み、後世のメイソンに遺したメッセージと考えられる。

なんと火星でもあの〝瞳〟が見つかった!?

さらに驚くべきことに、「ウジャトの目」は火星でも発見されている。

ＮＡＳＡが異常な関心を持って集中的に調査している、火星のシドニア地区で見つかった〝人面岩〟をコンピュータ解析したところ、瞳の存在が明らかになったのだ。その形状もやはり、「ウジャトの目」を彷彿《ほうふつ》とさせずにはおかないのである。

それだけではない。ピラミッドのあるカイロの地名はアラビア語のEl-Kahirに由来しているが、なんとこの言葉は「火星」を意味するという。またカイロは、10世紀頃、「キャンプ」という地名から改名されたものだが、キャンプも同様にアラビア語

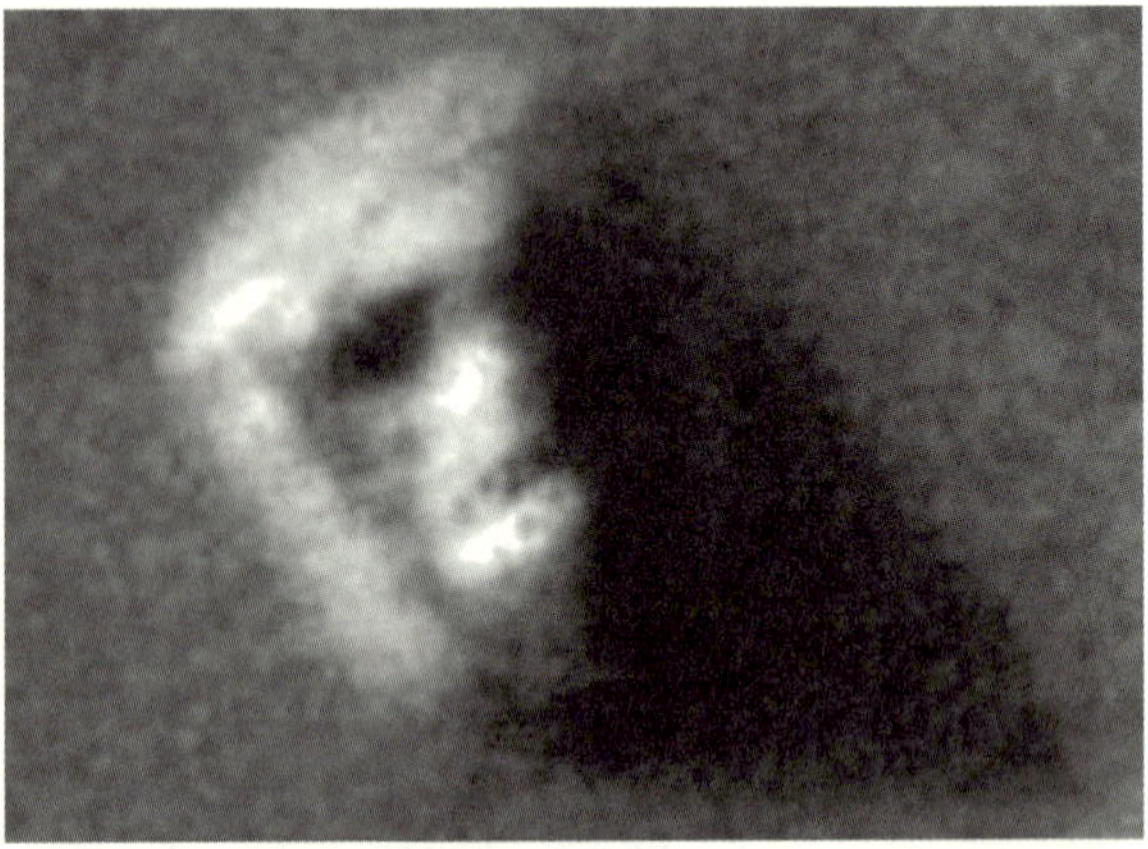

知的生命体の手によるものなのか――
火星で発見された「人面岩」

の「火星」に由来するのだ。

つまり――**かつて火星から、何らかの知的生命体が、エジプトの地に到来した。**

だからこそ、エジプトと火星は、ピラミッドが建つ地〝カイロ〟という都市によって、言語的にリンクしているのだ。

火星で発見された人面岩やピラミッドなどの構造物をつくった高度な知的生命体は、古代エジプト文明と深く関わっていたといっていいだろう。

フリーメイソンのルーツを遡ると、赤い星「火星」にたどりつくのである。

ビートルズはイルミナティの〝大衆洗脳の道具〟だった!?

１９６０年代を代表するロックバンド、**ザ・ビートルズ**はまさに、20世紀が生んだ伝説的なアーティストといえるだろう。それだけに、さまざまな〝黒い伝説〟が囁かれている。

その最たるものが**「ビートルズがつくったとされる曲は、実はタヴィストック人間関係研究所が提供したもの」**というものだ。

「タヴィストック人間関係研究所」は、１９２２年にイギリスに設立された人間管理や心理学を専門とした研究機関だ。イギリス王室とロスチャイルド家の出資で設立され、後に〝アメリカの陰の政府〟の異名を持つ「外交問題評議会」やロックフェラー家も資金を投じるようになった。

簡単にいうと、彼らはイルミナティの下部組織だ。

著書『三百人委員会』で世界を裏で操る組織の姿を暴いた、ジョン・コールマン博士によると、**タヴィストック人間関係研究所が行なっているのは、「大衆洗脳工作」**だという。

この〝洗脳〟とは、正常な人間の判断力を奪い、道徳を崩壊させ、思考を停止させる行為のことだ。彼らはメディアを利用し、自分たちが統治しやすい人間をつくり出そうとしているのだという。

さて、大衆を〝洗脳〟するにあたって、彼らが用いた手段は**「音楽」**だった。

観客らがアーティストをまるで神のように崇め、絶叫し、飛び跳ね、ときには失神する様子を古い音楽映像などで見たことがあるだろう。音楽は人をトランス状態に導き、ときに集団ヒステリーを引き起こす。それだけ人の脳に強い影響を与えるのだ。

この音楽に、強いメッセージ性を加えたらどうなるだろうか。

そこで、タヴィストック研究所が目をつけたのがビートルズだった。

コールマン博士によると、この名称も意味があるのだという。ビートルズの語源に

音楽で人々を洗脳——全世界的ロックバンド、サ・ビートルズ

なった「ビートル」とは、古代エジプトに存在したイシス教団が神聖視していたスカラベ、つまりフンコロガシだ。ここでもイルミナティたちが信奉する、古代エジプトのカルト宗教とのつながりを垣間見ることができる。

「ヒッピー・ムーブメント」は〝洗脳活動の産物〟!?

さらにタヴィストック研究所は、ビートルズの楽曲を、ドイツの哲学者で音楽評論家のテオドール・アドルノに依頼したのだという。**アドルノはナチス政権下で一般心理を研究し尽くした天才で、優秀な作曲家**でもあった。

彼は、ビートルズの楽曲に、**「十二音技法的無調」**を積極的に用いた。十二音技法的無調とは、重く強い反復的な音を基礎にした耳障りのいい曲調で、**聴く人を軽いトランス状態に陥らせる**ことができるものである。

彼はビートルズに楽器や歌唱の技術を叩き込むと、18枚のアルバムを与え、世界へ放った。受け入れ態勢は万全だった。なぜなら英米のメディアは、ほぼイルミナティの支配下にあったからだ。ビートルズはこうして世界を席巻した。

若者たちは、すぐさまビートルズに熱狂した。

特に彼らの歌詞に込められたメッセージ「旧体制批判」「フリーセックス」「同性愛」「ドラッグ」を全身で感じとり、受け止めた。彼らは歌の世界観を〝クール〟だと実践し、社会風紀は乱れに乱れた。

ちなみにビートルズの曲でも『Yellow Submarine』『Lucy in the Sky with Diamonds』『With a Little Help from My Friends』などは、露骨なドラッグ讃歌だといわれている。

ビートルズのバックにいるのは、アヘンを中国に拡散しまくった輩《やから》である。いかに売り込み、いかに売るか、そのあたりの流儀は心得ていた。タヴィストック研究所は、「ビートニクス（ビート族）」「ヒッピー」「フラワーチルドレン」といった、若者文化を象徴する言葉を生み出し、メディアで再三取り上げられた。

これらは社会からドロップアウトし、のばしっぱなしの髪に、長い間入浴していない体に汚れたジーンズをまとう若者たちを指すのだが、彼らは〝ヒッピー〟という言葉に身をおくことで自らの存在価値を見いだし、仲間との一体感を感じた。

タヴィストック研究所はさらに、彼らのために無料のロックコンサートを催した。観客たちはしばしば、コンサート会場でドラッグを乱用した。すべてが思惑通りだった。そしてこの系譜は、現在にも引き継がれている……。

メイソンのシンボル「ギザの大ピラミッド」の〝得体の知れない謎〟

フリーメイソンのシンボルはふたつある、と先の章で述べた。ひとつは**「定規とコンパス」**、そしてもうひとつがアメリカ合衆国の1ドル札にも刻まれている**「万物を見通す目」と「頂上の先端（キャップストーン）が欠けたピラミッド」**だ。

このピラミッドは、エジプトの**「ギザの大ピラミッド」**だとされている。実はこの、大ピラミッドに、得体の知れない謎が隠されているという。

一説によると、大ピラミッドは大洪水以前の超古代文明の遺産、すなわち「スーパー・オーパーツ（その時代では、到底製造不可能なはずの出土品）」だといわれている。それを裏づける理由はいくつかある。

まず挙げられるのが、建造法の謎だ。

大ピラミッドは、紀元前2540年頃につくられたのにもかかわらず、紀元前5世紀頃ギリシアで発見された黄金比率が既に用いられていたのである。また王墓とされながらも、王家のシンボルや財宝が一切ない。肝心のミイラが発見されていない点も謎を深めている。

その内部を訪れた人によると、複雑に組み合わされた通路や大回廊の入り口に立つと、何か特別な、とてつもなく巨大な装置の中にいるかのような〝錯覚＝波動〟を感じるのだという。

大ピラミッド内に隠された〝未知の空間〟

事実、古代ピラミッド・テキスト（ピラミッドの壁などに彫られた文章）には、大ピラミッドは**「死んだ人間を不滅の存在に昇華するために設計された装置」**だと記されている。天空の扉を開いて道をつくり、死んだファラオが〝神の仲間〟として昇天するための装置だというのである。**大ピラミッドの内部にいるとESP能力（超感覚的知覚）が活性化したり、神秘的な体験をする**といわれるのは、そのためだ。

それを裏づけるような奇妙な事実が、近年発見されている。

1986年、フランスの調査隊は、「王妃の間」に通じる通路付近に未知の空間が存在するのを発見した。さらに強引に掘り進んだところ、そこにはなんと大量の**「放射能を含む砂の層」**があったのだ。そのため、それ以上の発掘作業は中止せざるを得なかったという。

そもそも、大ピラミッドの内部になぜ「砂の層」が存在していたのだろうか。

可能性のひとつとして考えられるのは、**この砂の層に覆われた先の未知の空間に、放射線を発するエネルギー物質か、何らかの未知の装置が隠されている**ということだ。

〝キャップストーン〟が頂上に鎮座する日は……？

そして「ギザの大ピラミッド」の最大の謎が、「なぜ〝キャップストーン〟を冠していないのか」ということだ。

あくまでも憶測だが、**はるか太古には、キャップストーンが鎮座していた大ピラ**

キャップストーンを待ち続けるギザの大ピラミッド

ミッドが、パワーユニットとしてフルパワーを発揮していたのではないだろうか。そしてそれは、定められた神官のみが自在にコントロールしていたのではないか。

キャップストーンを冠していなければ、大ピラミッドは機能しない。そのためメイソンは、これを戴冠して完成させなければならないのだ。

つまり**キャップストーンは、メイソンにとっての〝ロストシンボル〟**なのである。

アメリカの国璽《こくじ》（国家の表章として押す官印）には、この大ピラミッドの上に、キャップストーンが宙に浮かぶ形で描かれている。

これはつまり、この場所にいずれ、〝しかるべきもの〟が配置されることを意味しているのではないだろうか――。

なぜ〝キャップストーン・プロジェクト〟は中止に追い込まれたか

西暦2000年1月1日。エジプトではギザの大ピラミッドを舞台に、豪華できらびやかな一大イベントが企画された。

レーザー光線やコンピュータを駆使した特殊効果の演出が施され、まさに新時代の幕開けにふさわしい一大パフォーマンスが繰り広げられたのだ。

実は、エジプト時間の2000年元日午前0時に、〝もうひとつのセレモニー〟が大々的に行なわれるはずだった。

それは、**大ピラミッドの頂上にキャップストーンを設置するというもので、「キャップストーン・プロジェクト」**と呼ばれていた。

セレモニーには当時のエジプト大統領ムバラクや前アメリカ大統領ジョージ・ブッ

シュをはじめとする、世界の著名人らが出席する予定だったのだが……。

しかし、年が明け、1カ月をすぎても、このセレモニーのニュースは流れてこなかった。エジプト大使館に問い合わせてみたところ、どうやら**「土壇場になって中止された」**という。

いったい何が起こったのか？

そう、**〝反フリーメイソン〟の何者かによる妨害にあった**のだと、筆者は確信している……。

ヒトラーだけに見えた「恐怖の未来図」とは?

今、インターネット上を中心に、にわかにドイツの独裁者**アドルフ・ヒトラーの予言**が注目を集めている。

ヒトラーの予言は大きく分けて3種類ある。

南ドイツのオーバーザルツベルクの山荘で語った通称「ヒトラー山荘」、首都ベルリンの地下官邸で語った「指名予言」、そして大戦末期、ドイツ国民に向けてラジオで語った「ヒトラー最後のメッセージ」である。

そのどれもが〝まさしく〟その後の国際情勢や社会事情について、ピタリと言いあてているのだ。

1988年、五島勉《ごとうべん》氏が発表した『1999年以後——ヒトラーだけに見えた恐怖の未来図』に、その内容が詳細に記録されているので参考にさせていただくと、

・コンピュータやロボットの出現
・ドイツの国民車（フォルクスワーゲン）とアウトバーン（速度無制限道路）の出現
・宇宙旅行と月探検への進出について
・同盟国日本の参戦と、日本への原子爆弾投下
・ソ連のゴルバチョフ書記長の出現と彼に関する事柄

額に"赤いしるし"ことアザを持つゴルバチョフ

などが、どれも詳細に述べられている。

ゴルバチョフ書記長に関しては、「彼は共産主義と民主主義を結合し、マルスの座から世界を支配するだろう。**彼は額に『赤いしるし』を持つ男だ**」などとも語っているというから、驚きを通り越して、気味が悪くなってくる。

ヒトラーはIQ150超えの天才的頭脳を持っていたことで有名だが、霊的感性も非常に高かったという。

そのため第1次世界大戦に参戦した際などは、前線で一番危険な任務を自ら買って出たにもかかわらず、無事生還。4年間に40回以上の戦闘に参加し、6回もの表彰を受けたという。

霊的感性を持ったヒトラーの〝不死身の男〟伝説

こんな逸話もある。

戦友たちとの夕食中、**ヒトラーは突然「立って向こうへ行け!」という心の内側から響くような声を聞いた。**

慌てて数十メートル移動したその瞬間、先ほどまで食事をしていた場所に流れ弾が着弾し爆発。ヒトラー以外の兵士はみな死亡してしまったという。

ヒトラーが同僚の兵士たちから**「不死身の男」**と恐れられていたのは、そのためだ。

恐ろしいほどに予言を的中させた独裁者ヒトラー

ヒトラーには本当に未来が見えたのだろうか。もちろん並外れた感覚の持ち主であることは間違いない。

しかし、それ以上に、その明晰な頭脳で彼と敵対した勢力・フリーメイソンたちの一歩先を読んでいたことが、「未来予知」につながっていたのではないか。

そう、彼はフリーメイソンを徹底的に憎み、叩き潰そうとしていた。

1933年、ヒトラーは権力を掌握するやいなや、〝**すべての秘密結社は我が世界征服の計画に有害である**〟と、断言。排除にとりかかる。

それは、ナチスの生みの親とも称され

る秘密結社「トゥーレ協会」をも叩き潰すほどだった。そして彼はオカルトを否定し、側近のアドルフ・アイヒマンにフリーメイソンを根絶やしにするよう命じたのだ。

ゲシュタポ（ナチスの秘密国家警察）でのアイヒマンの最初の仕事は、ドイツにいる全フリーメイソン会員のカード式索引システムを作成することだった。当時、ドイツには8万5000人のメイソン会員がいたという。アイヒマンは、彼ら全員を処刑するという命令を出した。これによって8万人ものメイソン会員が、会員であったというだけで殺されたという。

これらの命令は、ヒトラーがフリーメイソンの存在を有害視していたことの裏づけといえよう。

2014年には欧米の3分の1が荒廃する——その真意とは⁉

ヒトラーの予言に戻ろう。彼はこんな言葉も残しているという。

「**たとえ戦争も災害もなくても、人間は21世紀、空気と水と食物の汚染だけで衰えていく。**いや、その前に、肉食とアルコールとタバコでも衰える。だから私は肉も食べないし、酒もタバコもやらない。こうすれば、汚染で破滅する者よりは保つのだ」

「人間はそのうち、外科手術で内臓をすげ換えて、他人の心臓やブタの腎臓やサルの肝臓をつけてまでも生き延びるようになる。最後には特別な光線の手術機械を使って、脳ミソまで他人のものと入れ換えるだろう。つまり、すっかり別人になってしまうのだ……」

予言が語る世界は、現代の姿に非常に近い。さらにヒトラーは、こんな予言も語っているという。

「２０１４年にはヨーロッパの３分の１とアメリカの３分の１が荒廃してしまう。アフリカと中東も完全に荒廃する。結局、今の文明は砂漠しか残さない。**しかし人類はそれでも滅びない。わがドイツの一部と米ソの中心部、日本や中国は深い傷を負いながらも生き残る。**ただ諸君、それでも人類はいなくなるのだ。今の意味での人類は、そのとき、もういない。なぜなら、**人類は２０３９年１月、人類以外のものに〝進化〟するか、そうでなければ〝退化〟してしまっている**からだ」

生き残るのが独、米、ソ、日、中というあたりが、やけに生々しい。

ヒトラーが予言した「完全な神々」と「機械的生物」

そして、2039年1月、人類はどうなっているのだろうか。

「ロボット人間たちのほうは、それに従って生きるだけだ。これはある意味では気楽な身分だ。戦争も気候も経済も、神人たちによって制御されてしまうので、ロボット人間たちは神人たちの認める範囲内で、多くのものを与えられる。食物と住居も、職業も娯楽も恋愛も教育も、ときには思想さえも与えられる。

ただロボット人間たちは、与えられ、操られていることを意識できないようになる。自分たちの意識では、何もかも自分で選択して勝手に生きているのだと思う。

しかし、実は**神人たちがすべてを見通して、管理工場の『家畜』のように彼らを育て飼うことになる**のだ。

こうして人類は、完全に2つに分かれる。一方は限りなく神に近いものへ、他方は限りなく機械的生物に近いものへ。これが2039年の人類だ。

そして、おそらく2089年から2999年にかけて、完全な神々と完全な機械的生物だけの世界ができあがる。地上には機械的生物の群れが住み、神々がそれを宇宙から支配するようになるのだ」

ヒトラーはこうも述べている。

「人類は〝新しい世界を支配できる超人〟を生み出す」「その実験場は東方だ」と。

ヒトラーの予言を踏まえれば、2014年以降、存在する東方の国といえば、日本と中国である。

不吉な予言を的中させ続ける「イルミナティカード」

2001年9月11日午前8時46分に起きた「アメリカ同時多発テロ事件」。4機の航空機が中東のテロ組織に乗っ取られ、ワールド・トレード・センタービル（WTC）とペンタゴンに次々に突っこんでいく様子は、世界中を震撼させた。

この自爆テロを受け、当時のブッシュ大統領は報復を決行。そしてイラク戦争へと突き進んでいく……。

9・11テロを予言？　疑惑の〝カードゲーム〟

今、〝**イルミナティカード**〟という、陰謀論者たちが注目しているカードがある。

正式名は『イルミナティ・ニューワールド・オーダー』。

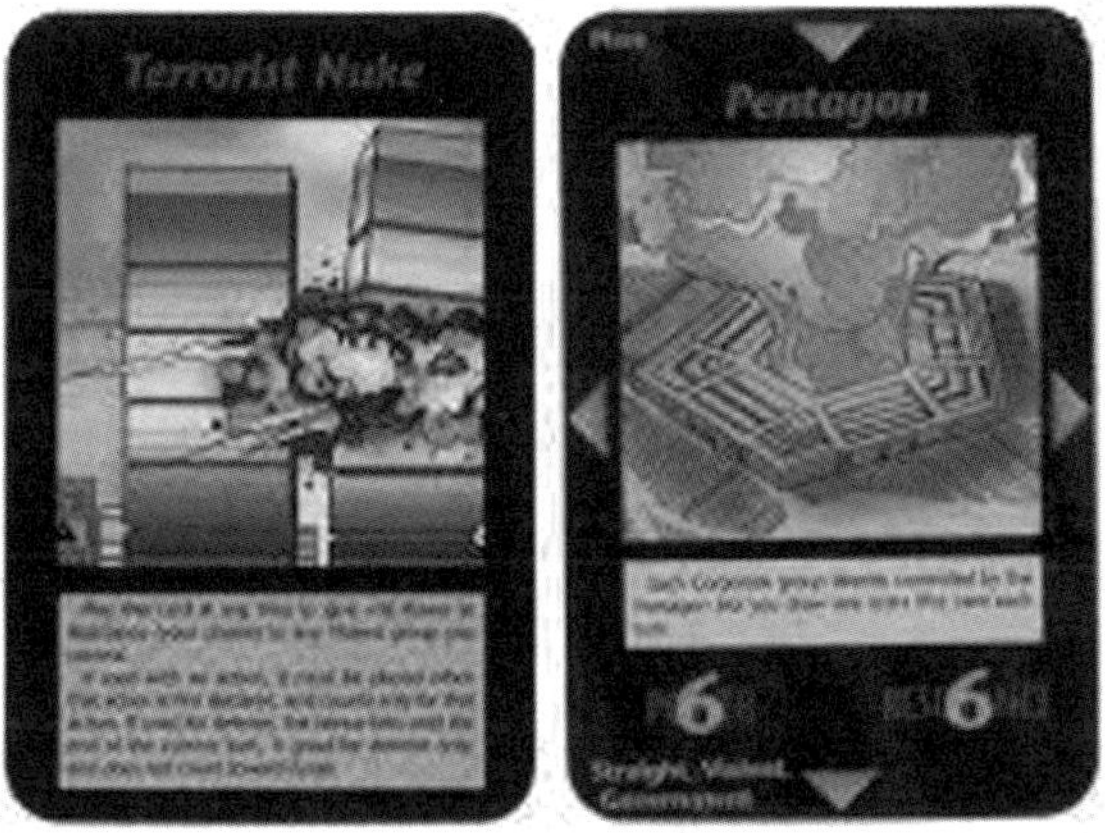

9.11テロを予言しているとしか思えない「イルミナティカード」

１９９５年、アメリカのゲーム製作会社の「スティーブ・ジャクソン・ゲームズ」から発売されたカードゲームだ。

プレイヤーは「秘密結社」となって世界のあらゆる組織を裏から支配し、ライバルの秘密結社を陰謀を張りめぐらせて蹴散らし、目的を果たすという、かなり悪趣味なルールを持つ。

世界征服が目的の組織もあれば、世界の金融市場を牛耳ることが目的の組織、人類を混乱に陥れることが目的の組織など、選択する「秘密結社」によってゴールは異なる。

秘密結社の種類も「イルミナティ」

「クトゥルフの使徒」「チューリッヒのノーム」「暗殺協会」「UFO」「バミューダ・トライアングル」とバラエティに富んでいる。

そして「国連」や「マフィア」「タブロイド新聞」「議員の妻」など、支配する組織を増やして目的遂行を目指すのだ。

そして、このカードの絵柄の数枚が、「アメリカ同時多発テロ事件」の1シーンに、奇妙なほど酷似しているのだ。

たとえば、崩壊するWTC、炎上するペンタゴン、イラク戦争とサダム・フセイン――どれもその姿がズバリ描かれている。事件から6年も前に発売されたカードにもかかわらず、である。

日本の未来も暗示!?　カードの〝不気味な挿絵〟

ほかにも1997年に交通事故死したダイアナ元皇太子妃とパパラッチ、2005年のハリケーン・カトリーナ、2011年の東日本大震災での津波や、原発事故を示唆しているとしか思えない図柄もある。

さらには２００９年にアメリカ大統領に就任したバラク・オバマ氏そっくりの人物が非難を受けている姿や、２００９年に内閣総理大臣に就任した鳩山由紀夫氏にしか見えない人物が、日本刀を前に暗い顔をしている様子を描いたものも存在する。

そして恐ろしいことに、「第３次世界大戦」を描いたものまであるのだ。

この予言めいたカードゲームをつくらせたのは、はたしてイルミナティなのかどうか……。

問題の「JAPAN」のカード

さて、ここに１枚のカードがある。上部にはＪＡＰＡＮと印字されており、旭日旗をバックにした、海に浮かぶビルディングが描かれている。

そしてイラストの下部には、「Japan has a +6 for direct control of any Science Computer group」と明記されている。

これは何を意味しているのだろうか。他のカードの内容を見ると、明るい未来を暗示しているとは考えにくいのだが……。

6章

人類を脅かす「恐るべき計画」が今まさに進行している!?

——洗脳・情報統制……超エリート集団が企てる「世界支配のシナリオ」

巨大秘密結社の中枢機関に潜むという、
「超エリート集団」。
彼らは、われわれ人類すべてを支配下におくべく、
あらゆる陰謀の限りを尽くしているという。
そう、今この瞬間も……
恐るべき驚愕の〝計画〟が進行中なのだ！

世界に張りめぐらされた盗聴網「エシュロン」の真実！

〝世界の通信のすべては、アメリカに傍受されている〟という陰謀説がある。
その根拠とされているのが、**「エシュロン（ECHELON）」と呼ばれる通信傍受システム**だ。

エシュロンは1948年にアメリカとイギリスによって結ばれた協定により、1970年代から80年代にかけて構築された**「軍事衛星網」**だ。

その後、カナダ、オーストラリア、ニュージーランドを加えた5カ国によって構成されているが、運営の中心は、アメリカの**「NSA＝国家安全保障局」**である。

エシュロンは、謎に包まれた諜報網といわれ、その実態はきわめて不透明である。

2001年にEU（欧州連合）が1年間にわたる調査結果を公表したが、それによれば、**世界19カ所に設置したパラボラアンテナと120カ所の中継点によって、既に地球全体をカバーしている**という。現在では、当然、アンテナも中継所も増設されているはずだ。

エシュロンの目的だが、衛星回線を通じた国際電話やファクス、インターネット回線などを通じてやりとりされる電子メールなどの有線通信も傍受し、それをテキスト化して、重要なものを蓄積しているという。

現在では、人間の声で窓ガラスに生じる微細な振動を外部から電波ビームで分析し、その会話を録音再生することまでもが可能だという。

ここまでくると、もはやエシュロンは「盗聴」のために機能しているとしか考えられない。

日米共同使用の三沢基地に設置されている「エシュロン」

日本政府の情報もすべて"筒抜け"状態!?

日本にも**青森県の三沢基地にエシュロンが設置されており、国会内部や総理官邸での密談も含め、すべての情報が「盗聴」され把握されているらしい。**これは、政府関係筋の間では常識になっているという。

たとえば、政府関係者や官僚が、電話やメールを使って通信したとすれば、その内容はすべてエシュロンによって傍受されてしまう、というわけだ。外交もへったくれもない。

どうあがこうが画策しようが、会話は

すべて筒抜け状態だという。

いわば、これは世界を股にかけた〝盗聴網〟だ。その実態こそ、アメリカの国家安全保障局「NSA」主導によって、「世界中に張りめぐらされたスパイ網」なのである。

なぜ彼らはここまでするのか？　そう――**「NSA」は、あの悪名高い秘密結社・イルミナティの傘下にある諜報機関**なのだという。

これには確固たる〝証拠〟がある！

試しに「NSA（National Security Agency）」の本サイトにアクセスしてみるといい。その際、アドレスバーに「itanimulli.com/」と打ち込むと、アクセスできるはず。

「ITANIMULLI」。

これはイルミナティ――「ILLUMINATI」のアルファベットを逆から並べて読んだアナグラムなのである。「NSA」がイルミナティの諜報機関であることを如実に示している、といえるだろう。まるで都市伝説のようだが、本当である。

アメリカ、いやイルミナティは、とうの昔に世界の情報戦を制しているのである。

「地球温暖化」はイルミナティによる〝全世界的ねつ造〟だった！

現在、中国の大気汚染が深刻化している。特に問題視されているのが、微小粒子状物質「ＰＭ２・５」だ。杉花粉の10分の１という小ささで、呼吸とともに肺などの呼吸器の奥に入りこみやすいのだという。

大気汚染が取りざたされているのは中国だけではない。インドでも、ニューデリーやムンバイなどの主要都市で深刻さを増しており、年間約67万人の国民が健康被害で亡くなっているのだという。

こうしたニュースを見るにつけ、**「京都議定書」**とは、**アル・ゴアの「ノーベル平和賞受賞」**とは、いったい何だったのか、と考えさせられてしまう。

地球規模の環境問題が取りざたされるようになったのは、１９７０年代の高度成長期。日本では公害が大問題となり、以後、各企業が環境汚染対策に取り組むようになった。

その認識が世界規模で統一されたのは、1997年12月に京都で開かれた第3回気候変動枠組条約締約国《ていやくこく》会議（COP3）だ。年々加速するオゾン層の破壊、地球温暖化、酸性雨、熱帯雨林の減少、野生生物種の減少、砂漠化などを防ぐべく、先進国に対し、温室効果ガスを削減するよう義務づけた。

しかし、「途上国に対する義務づけがない」などの理由で、2001年、世界最大の二酸化炭素排出国であるアメリカ合衆国が離脱を表明。また2013年現在、カナダが京都議定書で合意した目標を放棄するのではないかとの懸念も強まっている。

科学者たちも指摘した〝地球温暖化〟のウソ！

それらを踏まえて、陰謀論を説いていこう。

〝二酸化炭素による地球温暖化はウソで、イルミナティたちの資金源に利用されている〟という前提に立った上での論だ。

われわれに〝環境保全〟について意識づける決定的な動機のひとつとなったのは、2007年のアル・ゴア元副大統領のノーベル平和賞受賞だった。

地球の気温の上昇で北極の氷が溶け出し、溺れるホッキョクグマ、今すぐにでも海に沈みそうな小さな島々、年々後退するキリマンジャロの冠雪――そんなショッキングな映像の数々で構成され、アル・ゴアが出演したドキュメンタリー映画**『不都合な真実』**に、世界は衝撃を受けた。

しかし、この映像に対し**「でっちあげだ」**と世界中の科学者らが声をあげた。というのは、地球の温暖化はあくまでも自然のサイクルの一現象で、〝二酸化炭素のみが原因〟とは、言いきれないというのだ。

「むしろ**地球が温暖化した一番の原因は太陽の活発化**。二酸化炭素が急増しているのもそのせいだ」と唱える科学者や、「これから地球は緩やかな氷河期に向かう」とする研究者も大勢いる。

現に地球は、地上に人類が誕生する前から、氷河期と間氷期による気温の変動を繰り返してきた。にもかかわらず、〝人間が排出した二酸化炭素のみが地球温暖化の原因〟だとするのは、明らかに矛盾している。

何よりも、**アメリカが「地球温暖化など学問上の仮説にすぎない」と、京都議定書に調印しなかった**ことからも、それは明白ではないのか。

❸イルミナティとノーベル財団の〝闇のリンク〟

実はアメリカは、ゴア元副大統領の受賞が報道されるとすぐに、新規の原発建設計画を発表した。**「原子力発電ならば、二酸化炭素を排出しないので地球に優しい」**というわけだ。東日本大震災によって、福島であれほど痛ましい事件が起こったにもかかわらず、その勢いは止む気配がない。

なぜ？

それはアル・ゴアの娘、カレナ・ゴアが、かのイルミナティの権力者、ロスチャイルド財閥アメリカ代理人シフ家のアンドリュー・N・シフと婚姻関係にあるからだ。

ロスチャイルド財閥は、原発の燃料であるウランを世界的に支配している。

つまり、**アル・ゴアはこのロスチャイルド財閥の意のままに操られ、原発の推進役を買って出た**という裏舞台が見え見えなのである。

ちなみに、ノーベル賞の創設者であるノーベル一族は、ロスチャイルドに融資を受けていたという過去がある。事実、ノーベル財団の背後にはユダヤ金融資本がついているとされている。ノーベル賞受賞者にユダヤ人が多いのもそのためだ。

原油価格やバイオ燃料による穀物相場の高騰など、最近の世界のエネルギー関連の動きを見ると、原発建設を正当化するための世論誘導が行なわれていると考えて間違いないだろう。

〝二酸化炭素による地球温暖化はウソで、闇の支配者たちの懐《ふところ》を肥やすために利用されている！〟

「温暖化防止」は聞こえがよく、われわれにとって善良なことをしている気分にさせられる。しかし、結局は**「一部の人間＝イルミナティ」の利益のために踊らされている**以外の、何物でもないのである。

対立する「イルミナティ・メイソン」と「ブラック・メイソン」

「陰から世界を支配している」と、陰謀論者たちから主張され続けているフリーメイソン。たしかにフリーメイソンについて回る〝謎めいた存在感〟は否定できない。筆者はそれを〝フリーメイソンのダークサイド＝裏側〟と呼んでいる。

そのダークサイドが生まれたのは、イルミナティがフリーメイソンの中枢を占めるようになったからだと見られる。それも、イルミナティの創始者であるアダム・ヴァイスハウプトが介在してからだ、と。

ここでは彼らを**「裏のメイソン＝イルミナティ・メイソン」**と呼ぶことにしたい。陰謀論者は、彼らこそ〝超エリート〟が支配する「世界統一政府」構想の実現を目指している邪悪な連中だと見ている。彼らはその陰謀を実現するため、テロや戦争、紛争などの暴力革命を起こし、最終的に**「第3次世界大戦＝ハルマゲドン」**を起こそうと企んでいるという。

筆者が入手した情報によると、彼らは今、新たな陰謀を張りめぐらせているらしい。そのひとつが、**世界的な金融恐慌**だという。もちろん事実関係はわからない。だが、2008年のリーマンショックにより世界中で株価が大暴落し、人々の不安が増大化したことは間違いない。

2013年に入り、欧州では**債務危機再燃への不安**が広がっている。同3月1日、ミシガン州知事がデトロイト市について財政上の非常事態宣言を発令。米自動車産業の心臓部デトロイトが息も絶え絶えになっている。誰が見ても、景気は下り坂である。

フリーメイソンが〝内部抗争〟で二つに分裂⁉

某外資系銀行に勤める知人から、2008年にこんな話を聞いた。

「カネを自在にコントロールできるフリーメイソンは、まず金融恐慌を起こし、それから世界の金融システムを統一していくでしょう。金融システムは間違いなく変わりますよ。それと、もうひとつ。カネを自在にコントロールできれば、戦争だって起こせるんですよ……」

それから3年後の2011年には、彼の予告通り、ギリシアを筆頭に、イタリア、スペイン、そしてアメリカで財政破綻の危機が起きた。注目すべきはメイソンロッジの発祥の地とされるギリシア、そしてメイソンの国であるアメリカがピンチを迎えたことにある。

情報によると、これは**メイソンの最高位に君臨するとされる、ロスチャイルドとロックフェラーのふたつの財閥で、内紛が起きた**ためだという。

これまで裏から金融をコントロールしてきた両財閥だったが、時代の趨勢《すうせい》によるのか、あるいは世代交代で不都合なことが起きているせいなのか、あちこちで綻《ほころ》びが出はじめているらしい。

それに乗じて、内部で反乱を起こし、離脱して**「反メイソン＝ブラック・メイソン」**として暗躍するグループが増えてきているのだという。

つまり、今や**メイソンが完全に二派に分かれつつある**というのだ。しかもメイソンのロッジは、それぞれ独立しており、今や敵と味方に分かれているともいわれている。

そこにつけこんだのが、同じく世界統一を目指す**ヴァチカンの闇の勢力**で、その**ヴァチカンが既にブラック・メイソンの一派と組んだ**という情報さえある。

ワシントンD.C.を襲った〝奇妙な地震〟

そんな二派の間で、ついに**核を使った抗争**が起きたといわれる。

それが2011年8月23日午後1時51分（日本時間で24日午前3時51分）、アメリカ東海岸を襲ったM5・8の地震である。震源となったのは、バージニア州リッチモンドの北西だ。

伝えられるところでは、この地がM5・8という震度の地震に見舞われたのは、実に114年ぶりのことだという。

この地震発生でノースアンナ原子力発電所の原子炉が緊急停止し、1時間以上も停電となり混乱を招いた。一方、首都ワシントンもこの地震で93年ぶりに大揺れとなり、

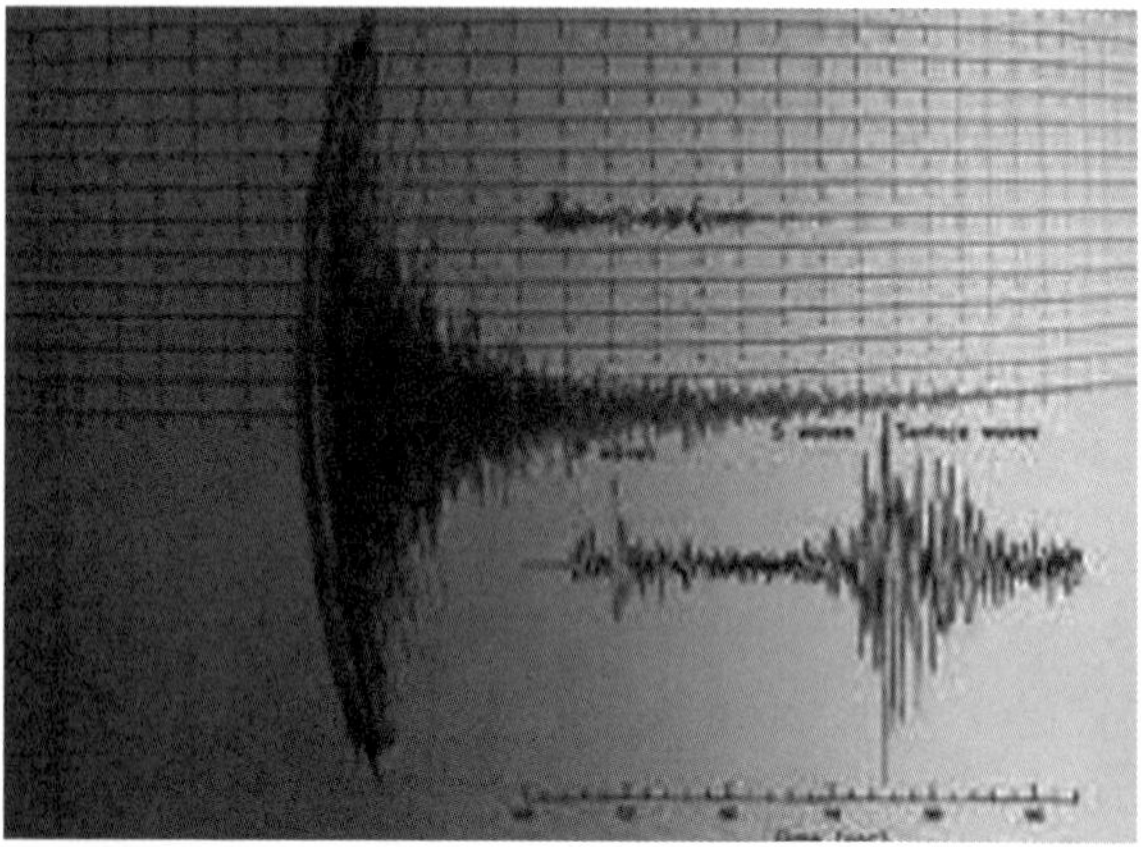

すべての地震で“発生するはず”の「Ｐ波」が検出されなかった地震チャート

連邦議会議事堂や国防総省、ニューヨークの高層ビル群から人々がいっせいに避難。

幸い死者も重傷者も出なかったが、9・11同時多発テロの記憶をフラッシュバックさせた人々もいて、一時パニックに陥った。

ワシントンD.C.はメイソンの中枢である。しかも地盤が堅固で、これまで地震など起こらなかった地域だ。

実は**この地震は、テネシー州にあるリー大学の地震波チャートの分析によって、「核爆発」だった可能性が指摘され**たのである。

そのチャートには、奇妙な地震波が発生していた。

周知の通り、地震波は、断層が破裂した際に放出されるエネルギーだ。それが地球表面に到達する最初の波が「P波」と呼ばれ、次の波が「S波」である。

奇妙なことに、**すべての地震で発生するはずの「P波」が、この地震では検出されなかった**のだ。

ではP波のない地震が、なぜ起こったのか？

答えは明白だ。**「核爆発」**だったからだ。なぜなら核爆発による地震では、このP波が発生しないのだ。

メイソンは巨大な〝地下都市〟を形成していた⁉

これを裏づけるべく、2011年8月24日、「ロシア連邦軍参謀本部情報局（GRU）」の関係者からの情報で、**「メイソンが構築した地下都市が、核爆発で襲撃された」というニュースが、ロシアの英語版ニュースサイトに流出した。**

それによると、**アメリカ本土の中西部に巨大な地下都市が建設されていて、そのト**

ンネル網の末端が核で攻撃されたというのだ。

そこは、1960年代に米空軍によって構築された大陸間軍事用トンネルの複合体で、その後CIAが使用していたものだという。今回核攻撃されたのは、コロラド州とバージニア州の地下にのびる主要なトンネル網の末端らしい。ちなみにGRUはかつてのKGB（ソ連国家保安委員会）に匹敵する巨大な機関だ。

さらなる情報では、この前例のない核攻撃は2011年8月22日の夜にはじまった。そして、コロラド州トリニダード近くの地下トンネル網の東末端で、第2の爆発が起こった。この爆発が、同23日に発生した地震の引き金になったのだという。

つまり、地下基地が2発もの核攻撃を受けたのである。その結果、爆風が内部のトンネル中を吹き荒れ、フロリダ州のマクディル空軍基地の地下を通っている主空気圧解放トンネル末端の空気穴から噴き出したのである。

そのときの音が、奇妙な音として全米ないし世界中に響き渡った。**ちょうどこのと**

き、マクディルの近くのトロピカーナ・フィールドで野球の試合が行なわれており、そのビデオを見ると、この不審音がしっかりととらえられていたという。

核爆発が起きたなら、この爆風は放射能だ。当然、内部は放射能物質で汚染されてしまっているはずだ。トンネル内にいた人間たちは壊滅したはずだし、地上にいる人々もかなり被曝したはずだが……マスメディアで報じられることはなかった。

事件は、完全に闇に葬られてしまったようだ。

オバマ大統領と秘密組織が企てる〝世界最終戦争〟

2011年5月、「ロシア連邦保安庁（FSB）」が作成したという報告書に関する情報がある。

プーチン首相に提出されたというその報告書には、**アメリカ合衆国およびイラン国内で活動中のテンプル騎士団の各派閥が〝一体化〟し、世界を「最終戦争＝ハルマゲドン」に巻きこむための準備を進めている、**と書かれていたそうだ。

信じがたいことに、**アメリカのオバマ大統領とイランのアフマディネジャド大統領**は、**テンプル騎士団の指揮下にある「秘密組織」のメンバー**だと指摘されているという。そして、その二人が中心となって現在の社会機構の破壊を目論んでおり、ハルマゲドンを起こすべく、水面下で動き出しているというのだ。

既述している通りテンプル騎士団は、聖櫃などの聖遺物の力を使って強大な勢力を誇っていたが、その結果、１３０７年の弾圧で解散させられた。

ところが、である。

当時のヨーロッパ王侯貴族には、伏せられたままの秘密の公文書があった。

近年になって公開された〝それ〟は、**テンプル騎士団の異端性を無罪と認めるバチカン発行の文書「チノン・パーチメント」**。

１３０８年にクレメンス5世が密かに公布していたという「秘密文書」である。

さらに、１８９８年にアメリカ、ミネソタ州で見つかった**「ケンジントン・ルーンストーン」**なる岩には、

ケンジントン・ルーンストーン

次のような内容が刻まれているそうである。

「クレメンス5世の計らいで、密かに無罪とされたテンプル騎士団の残党は、聖杯をはじめとする宝物を18隻の船に分けて積みこみ、1307年10月12日にフランスのラ・ロシェルの港から船出した。そして、現在アメリカ合衆国となっている広大な領域に根を生やし、勢力を拡大していった」

テンプル騎士団の寺院の一部とされるニューポート・タワー

このような驚くべき事実が詳細に刻まれているというのだ。

ケンジントン・ルーンストーンは、ロードアイランド州南東部ニューポートにある「ニューポート・タワー」と密接に関係する遺物として知られている。

そして、**このニューポート・タワーは、アメリカ最古の「テンプル騎士団の寺院」の一部だったのでは**

ないか、と目されているのだ。

❸アメリカに渡ったテンプル騎士団の末裔「星の家族」とは

さらに、新大陸アメリカに渡ったテンプル騎士団は、**「スター・ファミリー＝星の家族」**という名で、宝物をグループごとに分けて保管することにしたという。

そのうちのひとつ、ワシントンを本拠に活動していたグループは、１６５６年に自分たちが保管していた分の宝物を、ジョン・ワシントンという人物に託した。

彼は**アメリカ初代大統領ジョージ・ワシントンの曽祖父**であるだけではなく、アメリカ国内で最も位が高いフリーメイソンのメンバーだった。

その人脈を頼り、「星の家族」はフリーメイソンの組織内でも特別な階級に潜りこんだらしい。

そして――この「星の家族」は今も健在だ。

というのは、**アメリカのオバマ大統領は、ジョージ・ワシントンに源を発するこの**

「星の家族」と密接に関係しているというのだ。ならば、彼が大統領に再選されたのも当然だろう。

彼らの目的は、さまざまな陰謀を張りめぐらせて、**「世界統一と人類の管理支配」**を成し遂げることにある。

秘密というヴェールの陰に潜み、暗躍する「星の家族」。

ロシアからの情報によると、その「星の家族」がいよいよ動き出しているらしい。

彼らが画策する〝終末ゲーム〟。

彼らのハルマゲドンに向けての「悪魔的で緻密な陰謀」は、用意周到に進行しているのである……。

恐怖の地震&気象兵器「HAARP」とは⁉

数ある陰謀論の中で、今最も注目を集めているのが**「HAARP（ハープ）」**だろう。

公式名「The High Frequency Active Auroral Research Program＝高周波活性オーロラ調査計画」。アラスカ州ガコーナに施設があるHAARPの狙いは、表向きはペンタゴン（米国防総省）主導による「オーロラと電離層の研究」とされている。

しかし、アメリカ海軍や空軍も加わり、**密かに地震兵器や気象兵器の開発、さらには高周波を利用したビーム兵器の実験もテストされている**という。

2010年1月12日、カリブ海に浮かぶ島ハイチが、マグニチュード7の大地震に見舞われた。家屋の倒壊や大津波によって、死者が30万人以上に達し、ハイチに壊滅的な打撃を与えた。

この大地震が発生してから11日後の1月23日、当時のベネズエラ大統領ウゴ・チャベスが突如、**「ハイチの地震はアメリカの兵器が原因だ」**とアメリカを名指しで非難し、マスメディアを驚かせたのだ。

そして、こう続けた——「アメリカはハイチの沖合で、地殻構造を震動させる武器のテストを行なった。それは他国、つまりイランを攻撃するために開発している地震兵器だ」と。

ハイチ地震にまつわる〝奇妙な噂話〟

HAARPの原型をつくったのは、1856年、クロアチアで生まれた天才電気工学者ニコラ・テスラである。彼は渡米後、トーマス・エジソンの会社に入社するが、エジソンの強烈な嫉妬にあい、退社。その後、独自の研究を進める。それは、大気中の火花放電を利用して、数万ボルトの高電圧を発生させ、地球規模でそれらを自在に送電しようという試みだった。

アラスカ州ガコーナにある「HAARP」施設

投資銀行であるJ・P・モルガンからの出資も受け、送電タワーは完成したと見られた。しかし、配線なしで、しかも無料で電気を供給しようとしたことから、モルガンから出資を打ち切られるばかりか、タワーや研究所も爆破されてしまう。テスラの研究は電気利権ばかりか、軍事産業をも脅かす域にまで発展していた。

〝巨大な勢力〟から彼の名前は完全に抹殺されるが、1943年に死亡すると、FBIが自宅に侵入し、彼の研究資料を根こそぎ持ち去ったという。その中に、強力な電磁波による「殺人光線」のアイディアがあった。

これが後のレーザー兵器、気象兵器へ

と発展していく……。

ちなみにこのチャベス元大統領の発言は、ロシアからもたらされた情報に基づいたものなのだという。ロシアもスパイによってニコラ・テスラの技術を手にしていた。ハイチが地震に襲われる前日、怪しい光が上空に出現し撮影されていることから、〝HAARP説〟をチャベス元大統領に耳打ちしたのだ。

また実際に、HAARP施設からの電磁波放射と大地震との関連を示唆するデータの存在も明らかになった。アラスカ大学がHAARP施設に設置した磁力計が記録した電磁波データ（HAARPチャート）を、過去に起こった大地震と照らし合わせてみると、なんと**電磁波が高い値を記録した当日、もしくは数日後に大地震が起こる確率が高かった**のである。

巨大ハリケーン、集中豪雨もHAARPが引き起こしている⁉

確かに2010年、1月から3月までのHAARPチャートをチェックしてみると、ハイチ地震が起こる前日から終始、強い電磁波の放射が見られ、同時にグラフに乱れが生じていた。

この年の3月11日、ハイチは再びマグニチュード7の余震に見舞われたが、同日の**HAARP**の磁力計モニターでは強い電磁波が放射されていたことを示していた。

このHAARPだが、近年とみに多発するようになった巨大ハリケーンや集中豪雨、干ばつなどを引き起こす、**気象コントロール兵器**としても機能しているのではないかといわれている。

さらに、HAARPの存在を初めて世に知らしめたアラスカ在住のニック・ベギーチ博士は、HAARPが最大出力した際の威力について「電離層に穴があいてまっぷたつになってしまう」ほどであるといっている。電離層に穴があけば、有害な宇宙線や放射線が地球上に降り注いでしまう。アメリカ政府が、それほどの危険を冒してまでHAARPの研究を進めるのは、いったいなぜなのか――。

聖書にも記された「HAARP」の描写！

フィンランド在住で長年諜報活動をしているデミトリ・カヴァロフ氏は、「HAA

RPを統括しているのはアメリカではなく、イルミナティだ」という。
彼らの目的はただひとつ——全世界の管理と支配だ。HAARPは既に地震を起こすテクノロジーばかりか、気象を操作することにも成功した。残るはマインド・コントロールだけなのだと。

またカヴァロフ氏は、『新約聖書』の「ヨハネの黙示録」に記された最後の審判は、「HAARPが引き起こす災害の描写だ」とも指摘する。確かに「ヨハネの黙示録」には、HAARPを描写したとしか思えない記述がいくつかある。

——見よ、青白い馬が現れ、乗っている者の名は「死」といい、これに陰府《よみ》が従っていた。彼らには、地上の四分の一を支配し、剣と飢饉と死をもって、更に地上の野獣で人を滅ぼす権威が与えられた。(「ヨハネの黙示録」第6章8節)

飢饉は〝異常気象〟を、剣は〝マインド・コントロール〟、地の獣は〝地震〟を指すのではないか。

さらに黙示録は、

——獣は聖なる者たちと戦い、これに勝つことが許され、また、あらゆる種族、民

族、言葉の違う民、国民を支配する権威が与えられた（「ヨハネの黙示録」第13章7節）

と続く。

そう、ここで何より恐ろしいのは〝権威〟という言葉であろう。現在、北朝鮮がその実験に成功したことからも、〝核〟の猛威について、世界中で警鐘が鳴らされ続けている。しかし核は、その放射能によって自分たちをも痛めつけかねない諸刃の剣だ。

しかし、証拠のない、目に見えない、地震、天災、そしてマインド・コントロールを兵器として用いられたらどうだろう。

「非殺傷性兵器」――ニコラ・テスラによってその技術は確立された。そして兵器は恐らくほぼ完成している。あとは〝どう効果的に利用するか〟だけなのである。

人類家畜化を目論む「ブルービーム計画」とは⁉

「唯一の世界政府、唯一の世界軍、唯一の世界宗教によって新世界秩序を確立」すべく、**イルミナティたちがNASAを主導に行なっているプロジェクト**があるという。**「ブルービーム計画」**がそれだ。

ブルービーム計画が立ち上げられたのは1983年。現在、ほぼ完成の域に達しているという。

まず、このプロジェクトのきっかけとなったのは、1930年代、ハーバート・ジョージ・ウェルズが発表した一冊のSF小説『宇宙戦争』だった。

1938年、アメリカのあるラジオ番組でアナウンサーが『宇宙戦争』の一節、宇宙人が地球に侵略してくる場面を朗読したのだが、あらかじめ何度も「フィクション」だとことわっていたにもかかわらず、多くの聴取者は「本当に宇宙人が来た」と大パニックに陥った、という事件である。

そこからヒントを得たイルミナティは、**宇宙人による地球侵略を人工的に演出**しようと、長期の計画を構想する。これがブルービーム計画だ。

まず彼らが下地として行なったのが、映画による問題提起だった。『２００１年宇宙の旅』や『スター・トレック』シリーズ、そして『スター・ウォーズ』といった映画を用い、「宇宙人は存在する」と、人々の意識下に語りかけたのだ。

そして、映画にメッセージをこめた――**「宇宙からやってくるのは侵略者だ」「良い宇宙人と悪い宇宙人がいる」**と。

バカバカしいと考える人もいるだろう。

しかし、２０１２年にイギリスの調査会社「オピニオン・マターズ」が発表したデータによると、イギリス人の52パーセントが「ＵＦＯの存在を信じる」と答えたのに対し、「神を信じる」と回答した割合は44パーセントにすぎなかったという。つまり既に、**神を信じる人よりも、宇宙人の存在を信じる人の割合のほうが高くなってい**

るのだ。

全世界の上空に〝巨大ホログラム〟が投影される!?

「ブルービーム計画」は、段階を追って実施されるという。

第1段階では、地球上の任意の地点に、ピンポイントで地震を起こす。使用するのはＨＡＡＲＰだ。この地震によって、キリスト教やイスラム教などが持つ、『旧約聖書』の「創世記」の概念を叩きつぶす。既存の宗教の教義が誤っていることを、全人類に思い知らせるのだ。

第2段階は、世界各地で行なわれる、レーザー光を使った巨大ホログラムの投影だ。ホログラムは人工衛星から、地上10キロ上空のナトリウム層に投影されるが、投影される映像の内容は、その地の地域的特色や国家、そして国民が抱く宗教的信念によって異なるのだという。

このホログラム映像は、終末の光景のシミュレーションにほかならない。内容は、イルミナティが目論むシナリオの完成を意味するものだ。

投影はそれだけでは終わらない。**キリストやムハンマド、ブッダといった聖人の映像が次々と登場し、「聖書の内容は誤解されている」と、人々の脳に直接語りかける。**

やがて聖人らの姿はひとつにまとまり、新たなる神が姿を現わし、「新たな預言の内容がすぐに明らかになる」と告げる。実は、この〝唯一の神〟こそが反キリスト、イルミナティたちの神なのだ。こうして、〝世界単一宗教〟をつくり上げる。

ウソは大きければ大きいほどバレにくい。巨大なスケールで行なわれる「ブルービーム計画」は、社会的・宗教的混乱を生み、やがてそれが無政府状態へとつながっていくだろう。

❸「エイリアンの実在」を全人類に信じこませる!?

第3段階で行なわれるのは、テレパシーと電磁波を使ったマインド・コントロールだ。

前出のニック・べギーチ博士は1994年に発表した研究論文で次のように述べている。

「この装置が完成すれば、催眠術で使われる言葉ではなく、電磁波エネルギーを使って人間の脳の〝潜在意識〟に直接的な形で働きかけることができる。メッセージを受けとる側の人間に、機械を装着する必要もない。また、本人は自らの意志で行動していると信じるため、不自然に思われることもない」

ブルービーム計画では、べギーチ博士の技術がさらに発展し、衛星に搭載されたコンピュータに組みこまれたプログラムが、極低周波、超長波、そして低周波を通じて世界中の人々の脳に届くという。**受け手は、自らが信じる〝神〟が直接自分に語りかけてきているかのような感覚に陥る**というのだから、逃れようがない。

そして、ブルービーム計画の最終段階である〝超常現象〟の発生だ。**全世界の人々にエイリアンの侵略を示唆し、国民に攻撃に備えるように訴える。**時には電子的な技術を用いて、人類にエイリアンの存在を信じこませる。

もちろん、これを受けた国連は武力で排除にかかるはずだろう。しかし、この**国連こそ、イルミナティの支配下にある**。やはりエイリアンのホログラムを用いて「武装してでも意味がない」と各国に伝達し、武装解除するよう訴えるだけで済む。こうして世界は丸腰になる。

そして、**人類にとって善良な存在である地球外生命体の到来を告げ、もうひとつの〝悪魔的〟地球外生命体の侵略から人類を守ってくれること**が伝えられる。目的は「新世界秩序」に対する抵抗勢力をなくすことだ。

荒唐無稽な計画であり、典型的な〝陰謀論〟ではある。しかし、この「ブルービーム計画」が実施されたとしたら、どれほどの人が抗えるだろうか。

妄想だと一笑にふすのもいい。しかし、一知識として頭に留めておくだけで、その後の人生が大きく変わるかもしれない。

●参考文献

『世界ミステリー人物大事典　ムー別冊』、『ムー』2006年5・8・10月号、『決定版2012年マヤ予言の謎』並木伸一郎著（以上、学研パブリッシング）／『恐怖の地震兵器HAARP』並木伸一郎著、『決定版秘密結社の暗号FILE』世界の秘教研究会編（以上、学習研究社）／『秘密結社の1ドル札』デイヴィッド・オーヴァソン著、『ダ・ヴィンチ・コード〈上〉〈中〉〈下〉』ダン・ブラウン著、『フリーメイソン―「秘密」を抱えた謎の結社』荒俣宏著（以上、角川書店）／『秘密結社の世界史』海野弘著、『フリーメイソン　儀礼と象徴の旅』W・カーク・マクナルティ著（以上、平凡社）／『歴史読本　1988年臨時増刊』（新人物往来社）／『テンプル騎士団』レジーヌ・ペルヌー著（白水社）／『テンプル騎士団の謎』レジーヌ・ペルヌー著、池上俊一監修（創元社）／『図解　世界「闇の支配者」』ベンジャミン・フルフォード著（扶桑社）／『錬金術と神秘主義』アレクサンダー・ローブ著（タッシェン・ジャパン）／『秘密結社の事典』有沢玲著（柏書房）／『フリーメイソン完全ガイド〈上〉〈下〉』S・ブレントモリス著（楽工社）／『面白いほどよくわかる世界の秘密結社』有澤玲著（日本文芸社）／『イラスト図解フリーメイソン』日本博識研究所著（日東書院本社）／『秘密結社の手帖』渋澤龍彦著（文藝春秋）／『秘密結社』綾部恒雄著（講談社）／『世界の陰謀論100』（笠倉出版社）／『イルミナティ悪魔の13血流』フリッツ・スプリングマイヤー著（ベストセラーズ）／『300人委員会』ジョン・コールマン著（成甲書房）／『1999年以後―ヒトラーだけに見えた恐怖の未来図』五島勉著（祥伝社）／『ピラミッドの謎はとけた』アンドレ・ポシャン著（大陸書房）／『最強の都市伝説4・5』並木伸一郎著（経済界）

本書は、本文庫のために書き下ろされたものです。

眠《ねむ》れないほど面白《おもしろ》い「秘密結社《ひみつけつしゃ》」の謎《なぞ》

著者　並木伸一郎（なみき・しんいちろう）

発行者　押鐘太陽

発行所　株式会社三笠書房

〒102-0072 東京都千代田区飯田橋3-3-1

電話　03-5226-5734（営業部）03-5226-5731（編集部）

http://www.mikasashobo.co.jp

印刷　誠宏印刷

製本　ナショナル製本

©Shinichiro Namiki, Printed in Japan

ISBN978-4-8379-6675-3 C0130

＊本書のコピー、スキャン、デジタル化等の無断複製は著作権法上での例外を除き禁じられています。本書を代行業者等の第三者に依頼してスキャンやデジタル化することは、たとえ個人や家庭内での利用であっても著作権法上認められておりません。

＊落丁・乱丁本は当社営業部宛にお送りください。お取替えいたします。

＊定価・発行日はカバーに表示してあります。

王様文庫

王様文庫
謎とロマンが交錯！
並木伸一郎の本

眠れないほど面白い都市伝説
荒唐無稽？ でも、本当かも⁉ 「衝撃の噂&情報」が満載！ 信じるか信じないかは自由。でも……何が起きても、責任はとれません！

眠れないほど面白い死後の世界
人は死んだら、どうなるのか？ 〝あの世〟とは一体、どのようなところなのか？ 「魂」と「転生」の秘密――驚愕の体験談、衝撃のエピソードが満載！

眠れないほど面白い日本の「聖地《パワー・スポット》」
伊勢神宮、出雲大社、高野山、天孫降臨の地……人はなぜ「この地」に惹きつけられるのか？ その知られざる由来から、摩訶不思議な驚愕のエピソードまで！

眠れないほどおもしろい世界史「不思議な話」
選りすぐりのネタ満載！ おもしろ知識が盛りだくさん！ 「話のネタ」にも使える本。あなたの知らない、極上の世界史ミステリー！

眠れないほどおもしろい日本史「意外な話」
「その時」、何が起きたのか――？ 誰もが知る〝日本史の大事件〟に隠された意外な話、今なお解き明かされない謎、不思議なエピソード！

眠れないほどおもしろい「聖書」の謎
『聖書』がわかれば、世界がわかる！ 旧約・新約の物語から、〝裏聖書〟の全貌まで――これぞ〝人類史上最大のベストセラー〟！

K60004